A GRANDE FAMÍLIA
O LIVRO

Max Mallmann, Rodrigo Salomão e Mauro Wilson

Casa da Palavra

Este livro foi revisado segundo o Novo Acordo Ortográfico da Língua Portuguesa.

PESQUISA
Maria Byington

COPIDESQUE
Breno Barreto

REVISÃO
Nina Lopes

PROJETO GRÁFICO DE CAPA E MIOLO E DIAGRAMAÇÃO
TUUT

LICENCIAMENTO GLOBO

CIP-BRASIL. CATALOGAÇÃO NA FONTE
SINDICATO NACIONAL DOS EDITORES DE LIVROS, RJ
M221G

Mallmann, Max
A grande família : o livro / Max Mallmann, Rodrigo Salomão, Mauro Wilson. - 1. ed. - Rio de Janeiro : Casa da Palavra, 2015.
144 p. : il. ; 23 cm.
ISBN 978-85-7734-539-7
1. A grande família (Programa de televisão). 2. Televisão - Programas - Brasil. I. Salomão, Rodrigo. II. Wilson, Mauro. III. Título.

15-20046 CDD: 791
CDU: 791

CRÉDITOS DE FOTOS

CEDOC TV GLOBO

ADRÍAN KARÍM FORTUNAT: 39 (3ª FOTO); ALEX CARVALHO: 51 (2ª); 69 (2ª); 72; 113 (2ª); 129 (2ª); BLENDA GOMES: 33 (4ª); 52; 83; 84 (1ª); CRISTINA ISIDORO: 56; CYNTHIA SALLES: 43 (2ª); DARIO ZALIS: 21; DAVI DE ALMEIDA: 39 (13ª); EDUARDO NADDAR: 84 (2ª); ELLEN SOARES: 32 (7ª); 39 (8ª); 65 (2ª); 88; 90 (2ª); 113 (1ª); ESTEVAM AVELLAR: 32 (2ª); 33 (2ª E 3ª); 87 (2ª); 109; FABRÍCIO MOTA: 36; 40; 44; GIANNE CARVALHO: 32 (4ª E 5ª); 33 (1ª); 59 (2ª); 86 (2ª); 89 (2ª); JOÃO COTTA: 87 (1ª); 91; JOÃO MIGUEL JUNIOR: 32 (1ª E 6ª); 33 (9ª); 39 (1ª, 2ª, 9ª, 10ª E 12ª); 43 (1ª); 47; 60; 62; 66; 79; 80 (1ª); 81 (2ª); 82 (1ª); 85 (1ª); 92 (1ª); 93; 97; LEO LEMOS: 82 (2ª); 127; MÁRCIO DE SOUZA: 22; 65 (1ª); MARCIO NUNES: 25; 48; NELSON DI RAGO: 14 (2ª); 25; PAULO BELOTE: 33 (7ª); 39 (6ª E 7ª); 77; RAFAEL SORIN: 51 (1ª); 85 (2ª); 87 (3ª); 129 (1ª); RAPHAEL DIAS: 33 (5ª E 8ª); 39 (4ª E 11ª); 69 (1ª); 86 (1ª); RENATO ROCHA MIRANDA: 33 (6ª); 39 (5ª); 51 (3ª); 70; 78 (1ª); 80 (2ª); 81 (1ª); 128; ROTEIRO ORIGINAL CENSURADO: 28; THIAGO PRADO NERIS: 29; 76 (1ª); WILLIAM ANDRADE: 32 (3ª); 92 (2ª); 126.
FOTO DE CAPA: JOÃO MIGUEL JUNIOR

AGÊNCIA O GLOBO: PÁGINA 14 (1ª); DISCOTECA TV GLOBO: 103; FUMI HASHIMOTO, CECILIA CRISTO, LIVIA CASTRO E LUANA FAGUNDES: PROJETO CENOGRÁFICO DO BARCO (43) E DA CASA (98 E 99); GSHOW/CAROL CAMINHA: 23.

CASA DA PALAVRA PRODUÇÃO EDITORIAL
Av. Calógeras 6 · 701 · 20030-070 · Rio de Janeiro · RJ · 21 2222 3167 | 21 2224 7461
editorial@casadapalavra.com.br · www.casadapalavra.com.br

Eu não sou chegado a drama. Eu queria ser galã, mas com essa cara que eu tenho, com esse nariz desse tamanho, como é que eu conseguiria ser galã, é ou não é? Toda vez que eu fosse beijar, eu cheirava a mulher primeiro.

Rogério Cardoso
(o seu Flor da Grande Família*)*
Entrevista ao programa Altas Horas*,*
de Serginho Groisman

O FIM?

A família Silva e agregados estão em volta da mesa, diante do famoso cozido da dona Nenê. Lineu bate com seu garfo no copo, para atrair a atenção de todos.

LINEU Vamos começar a chamada: Nenê, Tuco, Lurdinha, Paulão, Floriano, Agostinho, Bebel, couve, repolho, paio e... ué? (ESPETA O GARFO EM ALGO ESTRANHO.) O que é isso aqui? Deixa ver.

NENÊ Isso aí é shimeji. É que eu resolvi dar um toque de *nouvelle cuisine* para o nosso cozido tradicional.

BEBEL Um cozido a menos para a família Silva.

AGOSTINHO E Carrara!

TUCO Calma aí, Bebel. Não fala desse jeito. Me bateu até uma melancolia. Vou pegar outra cerveja.

PAULÃO Também me bateu foi uma "diagonel" aqui. Não tá dando pra ficar parado "estético" num lugar. Acho que eu vou na casinha.

Paulão sai.

BEBEL Vocês não vão começar com esse negócio de contagem regressiva, né? Porque daí eu choro!

FLORIANO Sete... seis... cinco... quatro... três...

BEBEL Para, Floriano!

NENÊ Semana que vem vai começar a reforma da casa, e nós vamos ter o nosso próprio restaurante, não é, Lineu? E vai se chamar "A Grande Família"!

BEBEL E a família Carrara vai morar na Barra da Tijuca! O primeiro mundo. A Miami brasileira!

FLORIANO No nosso prédio tem até piscina.

BEBEL Área molhada, criança!

Paulão volta.

PAULÃO Já fiz. (ABRAÇA LURDINHA.) E Lurdinha vai morar comigo no novo cafofo do Paulão, que agora tem ar-condicionado, "figobar" e teto todo "espalhado" pra gente se ver namorando.

TUCO Tá parecendo mais um motel.

LURDINHA Deus me salve, Senhor!

NENÊ Gente, eu tive uma ideia: aos domingos, nós vamos fechar o restaurante, eu vou fazer um almoço e nós vamos continuar almoçando aqui, todos juntos, para sempre.

TUCO Excelente ideia.

Todos, comovidos, aplaudem. O telefone começa a tocar.

NENÊ Atende, Lineu.

LINEU Vai, Bebel, vai.

BEBEL Vai lá, Agostinho.

AGOSTINHO (A FLORIANO) Atende lá, meu filho.

FLORIANO (A PAULÃO) Atende lá, ô.

PAULÃO Atende, Lurdinha.

LURDINHA Tuco, atende lá, por favor.

NENÊ Vai, meu filho.

Tuco vai atender.

TUCO Alô?

Tuco se espanta.

TUCO É a Globo! Ela quer falar com a gente. Parece que eles querem fazer um seriado, e querem se inspirar na nossa família!

Essa foi a primeira cena do último episódio de *A Grande Família*, o seriado mais longevo e mais querido da televisão brasileira. No final do episódio, vemos nossos heróis diante da TV, ansiosos para ver a si mesmos num programa da Globo. Florianinho vaticina: "A gente vai ser campeão de audiência!" Bebel completa: "E de convivência!"

E foram mesmo, durante catorze temporadas – de 2001 até 2014 – num total de 489 episódios que, juntos, somam 250 horas. A parcela mais jovem dos fãs de Lineu, Nenê e Agostinho nasceu quando o seriado já estava no ar e cresceu acompanhando as aventuras e desventuras daquele "doce e animado lar". Exibida às quintas-feiras depois da novela das nove, *A Grande Família* era um fato da vida, tão confiável quanto as fases da Lua ou a mudança das estações.

Por que parou? Porque é melhor se despedir no auge. É bom deixar saudades.

A alma deste almanaque é a saudade. Uma saudade agridoce, triste e alegre, que iremos levar pela vida, nós que fizemos e vocês que assistiram.

HÁ LUGAR PARA TODOS NA GRANDE FAMÍLIA.

O COMEÇO ANTES DO COMEÇO

O que é o Brasil?

Se dona Nenê tivesse que responder a essa pergunta, ela diria que o Brasil é um grande liquidificador. É verdade. Nós, brasileiros, estamos acostumados a pegar o que vem de fora, misturar ao nosso tempero e criar uma coisa nova – e totalmente brasileira. Somos o país da mistura. De ideias, de etnias, de melodias, de histórias.

A Grande Família, o mais brasileiro dos seriados brasileiros, é fruto dessa mistura.

Em 1965, estreou na BBC 1, da Inglaterra, a comédia de costumes *Till Death Us Do Part*, que mostrava as confusões da família Garnett, liderada pelo paizão Alf Garnett, um suburbano teimoso, conservador e meio burro. Else, sua esposa, era uma mulher ingênua e resignada ao casamento. A filha do casal, Rita, era casada com Mike, um desempregado cujas ideias socialistas deixavam Alf indignado. *Till Death Us Do Part* teve apenas 54 episódios, exibidos entre 1965 e 1975.

Esse seriado inspirou a criação da sitcom americana *All In The Family*, que foi exibida pela CBS a partir de 1971. A configuração da família era a mesma do original inglês: o patriarca suburbano, reacionário e teimoso passou a se chamar Archie Bunker, um nova-iorquino do Queens e veterano da Segunda Guerra; Edith Bunker era a esposa gentil e meio tolinha; Gloria, a filha, era casada com Michael Stivic, um *hippie* de origem polonesa. *All In The Family* teve 210 episódios, em nove temporadas, e foi exibido de 1971 a 1979.

VIANINHA EM 1973

No Brasil, *Till Death Us Do Part* e *All In The Family* entraram no liquidificador com outro seriado americano: *Father Knows Best*, uma comédia ingênua que mostrava a vida de um bem-intencionado pai de família, Jim Anderson, de sua esposa Margaret e dos três filhos do casal: Betty, James e Kathy. *Father Knows Best* começou como série de rádio e migrou para a TV em 1954, ficando no ar até 1960. Teve 203 episódios.

A mistura resultou na primeira versão de *A Grande Família*, que estreou na TV Globo em 26 de outubro de 1972, escrita por Max Nunes e Roberto Freire, dirigida por Milton Gonçalves e produzida por Ronaldo Cury e Augusto César Vannucci. Era uma boa mistura, mas ainda faltava alguma coisa. Em 1973, Daniel Filho, ao assumir a produção do programa, chamou Paulo Afonso Grisolli para a direção; Oduvaldo Vianna Filho, o Vianinha, e Armando Costa passaram a comandar a equipe de roteiristas, que contava, entre outros nomes, com Lafayette Galvão. A receita, enfim, ganhava sua dose exata de tempero brasileiro. Mas o tempero, naqueles tempos, era um pouco amargo.

DANIEL FILHO

Não era fácil viver no Brasil dos anos 1970. O país atravessava uma das piores fases da sua história:

inflação estratosférica, atraso tecnológico e industrial, desemprego, corrupção desenfreada... e ditadura. Naquela época, era proibido reclamar. TVs, jornais, rádios, revistas, livros, filmes, peças de teatro, músicas, quaisquer manifestações públicas – tudo passava pela censura. A propaganda governamental vendia uma falsa imagem de prosperidade; falava-se em "milagre econômico", em "país do futuro", e quem discordasse corria o risco de ser preso, torturado e morto sem nenhum direito de defesa. Durante 21 anos, o Brasil não teve presidentes de verdade, eleitos democraticamente; teve ditadores – um grupinho minoritário de militares golpistas que se revezavam no poder. O cargo de mandachuva supremo era uma espécie de estágio final da carreira deles no Exército. Ou, como disse Artur Xexéo: "O sujeito era coronel; depois, general; e, por fim, presidente."

Em 1973, o ditador da vez era Emílio Garrastazu Médici, cujas feições lembravam um pouco as do ator húngaro-americano Bela Lugosi, o primeiro a interpretar o vampiro Drácula no cinema. A diferença é que o ator Lugosi tinha cara de mau, mas era boa praça; já o ditador Médici...

Os criadores de *A Grande Família*, Vianinha principalmente, queriam falar um pouco disso tudo: da inflação, do desemprego, da insegurança social, da falta de esperança e até da censura. Mas como fazer crítica social e política sem cair nas mãos dos censores? Com criatividade, metáforas e muito, muito, muito jogo de cintura. Mesmo assim, o programa vivia tendo cenas cortadas.

A
GRANDE
FAMÍLIA

A família Silva dos anos 1970 era suburbana e tinha um patriarca durão em conflito com o genro vagabundo; terminavam aí as semelhanças com os ancestrais gringos.

Lineu (vivido por Jorge Dória), um veterinário estressado que bancava sozinho as contas da casa, não era reacionário, como seus correlatos Alf Garnett e Archie Bunker. Ele é apenas reclamão, e estava muito mais para vítima do que para apoiador do "sistema". **Agostinho** (Paulo Araújo) não era socialista nem *hippie*; e sim um típico malandro tupiniquim, hábil praticante do famigerado jeitinho brasileiro. Ele era marginal, mas no sentido mais básico da palavra: num Estado opressor onde as possibilidades de crescimento pessoal são nulas, muita gente acaba preferindo viver, ou sobreviver, "à margem" das leis e da vida organizada.

O discurso político mais direto, ou mais direto na medida em que a censura permitia, ficava a cargo de **Júnior** (Osmar Prado), filho primogênito de Lineu e Nenê, estudante de medicina e o mais culto da família. Júnior, contestador por natureza, tinha ideias de esquerda e, muitas vezes... era um chato. A crítica social de Vianinha e sua turma não poupava ninguém, nem à direita, nem à esquerda. Já **Tuco** (Luiz Armando Queiroz), o filho ripongo, fazia o tipo que naquela época era chamado de "desbundado": o jovem que não estava nem aí para política.

Dona Nenê (Eloísa Mafalda), a dona de casa superprotetora, e a fútil **Bebel** (Djenane Machado, substituída em 1973 por Maria Cristina Nunes), filha de Nenê e Lineu e mulher de Agostinho, eram, inicialmente, pelo menos, parecidas com suas equivalentes estrangeiras. Além desses seis personagens, a família Silva, que formava, afinal de contas, *A Grande Família*, tinha também um integrante da terceira idade: **Seu Floriano** (Brandão Filho), pai de Nenê, o avô aposentado e ranzinza que dormia no sofá da sala.

Em julho de 1974, Vianinha, com apenas 38 anos, morreu vitimado por um câncer pulmonar. O posto de roteirista principal passou para seu grande amigo Paulo Pontes. A partida prematura de Vianinha, porém, tornou-se um fardo grande demais. A tristeza de toda a equipe, somada às pressões da censura governamental, fizeram a série ser cancelada. O último episódio foi ao ar em 27 de março de 1975. Pouco mais de um ano depois, Paulo Pontes também morreria de câncer, aos 36 anos.

A Grande Família, *nessa primeira versão, teve 112 episódios.*

A Grande Família, nessa primeira versão, teve 112 episódios.

Em 1985, a ditadura enfim acabou, deixando um Brasil completamente falido de herança aos governos democráticos. Em 1987, para atender a saudade dos fãs, a TV Globo produziu um especial de Natal com *A Grande Família*. Paulo Afonso Grisolli voltou à direção; o texto ficou a cargo de Marcílio Moraes, roteirista e dramaturgo com ideias políticas muito próximas às de Vianinha. O programa mostrava os mesmos personagens e o mesmo elenco, doze anos depois do término do seriado original. Como não podia deixar de ser, os temas da época foram abordados: crise econômica, inflação, falta de dinheiro... Mas a família crescera. Júnior tornou-se pai de família, com esposa, filhos e uma sogra mandona. Tuco também se casara. As atrizes Denise Bandeira e Aída Leiner, respectivamente, interpretaram as esposas deles. Bebel e Agostinho haviam se separado. Bebel tinha um namorado novo, estudante de teatro. Curiosamente, quem interpretou o namorado de Bebel foi Pedro Cardoso, que anos depois seria o novo Agostinho.

A Grande Família dos anos 1970 permaneceu tão forte no imaginário popular que daria origem, em 2001, a uma nova versão.

Vale lembrar uma declaração de Vianinha:

> *Mantive a linha de comédia, uma visão bem-humorada da família. Poderá haver momentos pungentes, mas nunca o dramático vai ter o tom dominante. No fundo,* A Grande Família *é a autogozação das nossas dificuldades. Mas, acima de tudo, é a crônica da família saudável. O que eu quis fazer foi uma democratização do fracasso. São os fracassados, não no sentido da derrota, mas de uma solidariedade com os não vitoriosos. Aquelas pessoas que, sem estar no topo do mundo, sem frequentar as colunas sociais, continuam maravilhosas porque enfrentam e vencem todas as situações apresentadas.*

Em 1972, A Grande Família *nasceu em preto e branco. Somente em 1975 alguns episódios foram exibidos em cores. Um luxo!*

2001: UMA ODISSEIA NO ESPAÇO DA NOSSA CASA

Quantos atores já interpretaram James Bond no cinema? E Sherlock Holmes? E o Batman? Heróis sempre voltam, ainda que nem sempre com a mesma cara. Foi assim com os integrantes da família Silva, nossos grandes pequenos heróis do cotidiano.

A ideia de um *remake* partiu de Guel Arraes, diretor que desde meados dos anos 1980 liderava uma renovação no humor televisivo, com programas como *Armação Ilimitada*, *TV Pirata* e *A Comédias da Vida Privada*. O roteirista escolhido por Guel para dar vida à nova versão de *A Grande Família* foi Cláudio Paiva, seu parceiro em vários projetos. Além de trabalhar com Guel em *TV Pirata* e *A Comédia*, Cláudio Paiva também comandou por várias temporadas o bem-sucedido humorístico *Sai de Baixo*.

Em *A Grande Família* dos anos 1970, não só Vianinha, mas praticamente todos os envolvidos na criação do programa eram defensores da democracia que sofreram com o regime militar. A nova geração nascia com uma origem parecida. Guel Arraes passou parte da juventude na Argélia, acompanhando seu pai, o político pernambucano Miguel Arraes, exilado pela

GUEL ARRAES

Foram exibidas **14** temporadas de **2001** a **2014**

ditadura. Cláudio Paiva foi um dos cartunistas do emblemático *O Pasquim*, tabloide humorístico contestador que era vítima frequente da censura militar. Nos anos 1980, ele editou, junto de Hubert Aranha e Reinaldo Figueiredo, outro tabloide anárquico: *O Planeta Diário*.

Cláudio Paiva chamou Bernardo Guilherme e Marcelo Gonçalves, dois roteiristas ainda jovens, mas experientes. Os três, a partir dos textos da versão dos anos 1970, transportaram a família Silva para o século XXI. E tomaram uma decisão polêmica: para condensar as histórias e deixar o programa mais ágil, cortaram o personagem Júnior, o mais político da versão anterior. Muita gente disse que, com isso, *A Grande Família* perderia a crítica social, uma de suas características básicas. Não foi o que aconteceu. Na época da ditadura, Júnior servia como "boi de piranha" para os censores. As falas do personagem, mais diretas, eram cortadas, mas o texto e as situações dos outros, com críticas sutis, permaneciam. Num regime democrático, manobras como essa não eram necessárias. O sujeito politizado, ético e crítico das injustiças sociais passou a ser Lineu, o patriarca da família, que tinha, ao mesmo tempo, liberdade para criticar e autoridade para dar exemplo. Lineu, assim, tornou-se o exato oposto de seus ancestrais Archie Bunker e Alf Garnett.

BERNARDO GUILHERME, CLAUDIO PAIVA, MAURÍCIO FARIAS E MARCELO GONÇALVES

Adriana Falcão, que colaborara em *A Comédia da Vida*

Privada e escrevera a adaptação para a TV de *O auto da compadecida*, juntou-se ao trio de autores pouco depois do início dos trabalhos. A equipe tinha uma encomenda bem específica: uma temporada única de oito episódios.

MAURO WILSON E ADRIANA FALCÃO

Oito episódios.

A nova versão de *A Grande Família* estreou em 29 de março de 2001. Só saiu do ar em 11 de setembro de 2014, depois de **489** episódios – além de um filme, lançado nos cinemas em 2007. Durou **113** episódios a mais do que *Till Death Us Do Part*, *All In The Family* e *A Grande Família* dos anos 1970 **somados**.

Quatrocentos e oitenta e nove episódios são mais de **dez mil** páginas de roteiro, ou **dois milhões e quinhentas mil** palavras escritas. Tal imensidão de texto exigia uma quantidade equivalente de boas ideias. Para dar conta do trabalho, a equipe de roteiristas da nova encarnação de *A Grande Família* cresceu bastante a partir da temporada de 2002, passando a oscilar entre oito e dez pessoas.

Cláudio Paiva deixou a *Família* em 2006 para criar novos projetos. Bernardo Guilherme e Marcelo Gonçalves assumiram como redatores finais, permanecendo até 2012, e foram os responsáveis por consolidar a *mitologia* do seriado, ou seja, por definir os antecedentes e objetivos de cada personagem.

489 episódios são + de 10.000 páginas de roteiro, ou 2.500.000 palavras escritas.

Em 2012, o comando passou ao autor veterano Mauro Wilson. Ele chamou de volta Adriana Falcão, que havia se afastado da *Família* para trabalhar no seriado *Louco por Elas*, e os dois dividiram a redação final dos episódios até o encerramento do programa.

Com Mauro Wilson, a comédia em *A Grande Família* ganhou profundidade psicológica. Nenê passou a se questionar e se reinventou como mulher; Lineu teve que se adaptar a um novo tipo de casamento. Num arco de vários episódios, os telespectadores viram a família entrar em crise e sofrer para superá-la.

Trinta e dois roteiristas trabalharam no programa, durante as 14 temporadas:

ADRIANA FALCÃO
ALEXANDRE PLOSK
ALOÍSIO DE ABREU
BERNARDO GUILHERME
BÍBI DA PIEVE
CÉSAR CARDOSO
CLÁUDIA JOUVIN
CLÁUDIO BARBUTO
CLÁUDIO PAIVA
CLÁUDIO TORRES GONZAGA
DENISE BANDEIRA
EMANUEL JACOBINA
GUEL ARRAES
JÔ ABDU
JUCA FILHO
LUCIANA PESSANHA
MANUELA DIAS
MARIANA MESQUITA
MARCELO GONÇALVES
MÁRCIO WILSON
MAURÍCIO RIZZO
MAURO WILSON
MAX MALLMANN
NELSON CALDAS
NEWTON MORENO
NILTON BRAGA
ODETE DAMICO
PAULO CURSINO
PEDRO CARDOSO
PÉRICLES C. BARROS
RODRIGO SALOMÃO
SÉRGIO GOLDENBERG

Oito diretores deram vida aos roteiros. Guel Arraes, como diretor de núcleo, esteve no programa do início ao fim. Já Mauro Mendonça Filho foi o diretor-geral da primeira temporada, trabalhando com Rodrigo Cebrian, o "Palito". De 2002 até 2010, o diretor-geral foi Maurício Farias, que montou uma equipe com os diretores Daniela Braga, Olívia Guimarães e Luís Felipe Sá. Em 2011, Luís Felipe Sá tornou-se diretor-geral, passando a trabalhar com Olívia Guimarães e Patrícia Pedrosa.

Tantas histórias, tantos caminhos, tantos criadores, tanto talento. Depois de catorze temporadas, *A Grande Família* deixou de ser **uma** família e se tornou **A** família de todos, de quem fazia e de quem assistia. Fábio Porchat, que interpretou o personagem Júnior nas temporadas de 2012 e 2013, disse numa entrevista a respeito de sua participação: "Precisava ter um tom engraçado, mas real. Afinal, aquela família existe de verdade." Lúcio Mauro Filho, o Tuco, diz que era abordado não como famoso, celebridade ou "global", mas como *primo*: "Tuco, vem cá tirar uma foto comigo e com a tia Fulana." Todo mundo queria fazer – e fazia – parte da *Grande Família*.

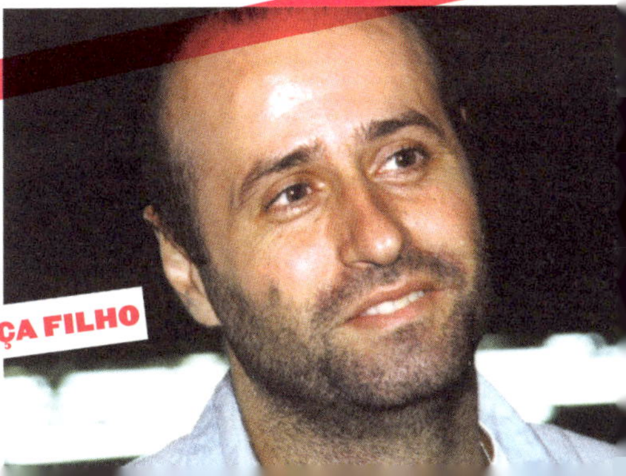

Para lembrar: a **primeira cena** escrita para o **primeiro episódio** da versão de 2001 de *A Grande Família*:

CENA 1 – COZINHA – INT/DIA

Nenê ocupada na cozinha com o café da manhã. Tuco está na mesa sonado. Na frente da geladeira tem uma poça d'água.

TUCO Mãe, esse iogurte está meio esquisito!

NENÊ Que iogurte, menino?! Isso é leite... (CHEIRA.) ...podre! (VÊ A POÇA D'ÁGUA.) Ah, meu deus! A geladeira está degelando outra vez!

TUCO Claro que pifou! Esse trambolho tem duzentos anos...

NENÊ Esse "trambolho" já guardou muita mamadeira sua!

TUCO Então vê se ainda tem alguma aí dentro. Esse leite tá difícil de encarar!

Bebel entra batendo em Agostinho.

BEBEL Cachorro! Cachorro!

NENÊ Mas o que foi que aconteceu?

BEBEL Eu peguei esse cachorrão olhando uma mulher nua!

AGOSTINHO Aquilo não era mulher de verdade! Aquilo não era mulher de verdade!

NENÊ Que história é essa, Agostinho?!

AGOSTINHO Eu não fiz nada, dona Nenê. Só tava olhando uma revistinha... uma dessas que a gente encontra até em sala de espera de dentista...

BEBEL Dentista?! Mas nem em sala de espera de ginecologista tem uma revista daquela! (PARA A MÃE) Uma revista de mulher pelada, mãe! E todas com uns peitões desse tamanho!

NENÊ Verdade, Agostinho?

AGOSTINHO Se são de verdade, eu não sei. Acho que é tudo de silicone...

BEBEL Cínico! Cachorro! Cachorro!

Bebel tenta bater em Agostinho, que se protege usando Nenê como escudo. Tuco fica latindo pra provocar mais ainda.

NENÊ Bebel! Agostinho! Parem de brigar! Tuco, para de latir!

A geladeira ronca. Nenê, de saco cheio, sai.

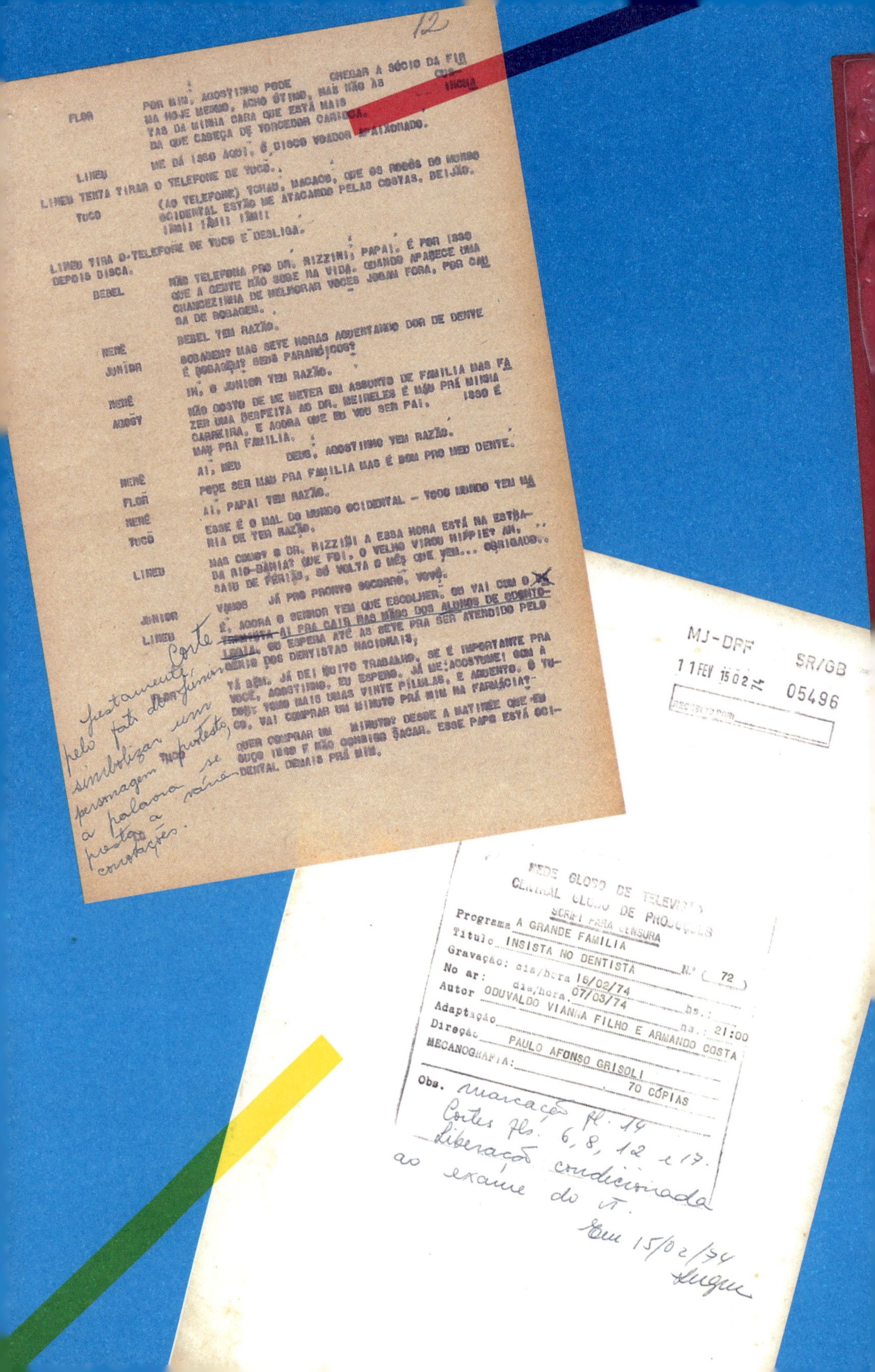

12

FLOR — POR MIM, AGOSTINHO PODE CHEGAR A SÓCIO DA FIRMA HOJE MESMO, ACHO ÓTIMO, MAS NÃO AS CUSTAS DA MINHA CARA QUE ESTÁ MAIS INCHADA QUE CABEÇA DE TORCEDOR CARIOCA.

LINEU — ME DÁ ISSO AQUI, É DISCO VOADOR APAIXONADO.

LINEU TENTA TIRAR O TELEFONE DE TUCO.

TUCO — (AO TELEFONE) TCHAU, MACACO, QUE OS ROBÔS DO MUNDO OCIDENTAL ESTÃO ME ATACANDO PELAS COSTAS. BEIJÃO. [illegible] [illegible] [illegible]

LINEU TIRA O TELEFONE DE TUCO E DESLIGA. DEPOIS DISCA.

BEBEL — NÃO TELEFONA PRO DR. RIZZINI, PAPAI. É POR ISSO QUE A GENTE NÃO SOBE NA VIDA. QUANDO APARECE UMA CHANCEZINHA DE MELHORAR VOCÊS JOGAM FORA, POR CAUSA DE BOBAGEM.

NENÊ — BEBEL TEM RAZÃO.

JUNIOR — BOBAGEM? MAS SETE HORAS AGUENTANDO DOR DE DENTE É BOBAGEM? SEUS PARANÓICOS?

NENÊ — IH, O JUNIOR TEM RAZÃO.

AGOST — NÃO GOSTO DE ME METER EM ASSUNTO DE FAMILIA MAS FAZER UMA DESFEITA AO DR. MEIRELES É MAU PRÁ MINHA CARREIRA, E AGORA QUE EU VOU SER PAI. ISSO É MAU PRA FAMILIA.

NENÊ — AI, MEU DEUS, AGOSTINHO TEM RAZÃO.

FLOR — PODE SER MAU PRA FAMILIA MAS É BOM PRO MEU DENTE.

NENÊ — AI, PAPAI TEM RAZÃO.

TUCO — ESSE É O MAL DO MUNDO OCIDENTAL – TODO MUNDO TEM MANIA DE TER RAZÃO.

LINEU — MAS COMO? O DR. RIZZINI A ESSA HORA ESTÁ NA ESTRADA RIO-BAHIA? QUE FOI, O VELHO VIROU HIPPIE? AH, SAIU DE FÉRIAS, SÓ VOLTA O MÊS QUE VEM... OBRIGADO. JÁ PRO PRONTO SOCORRO. VOCÊ, VAMOS

JUNIOR — É, AGORA O SENHOR TEM QUE ESCOLHER. OU VAI COM O [illegible] AI PRA CAIR NAS MÃOS DOS ALUNOS DE ODONTOLOGIA, OU ESPERA ATÉ AS SETE PRA SER ATENDIDO PELO GÊNIO DOS DENTISTAS NACIONAIS,

LINEU — TÁ BEM. JÁ DEI MUITO TRABALHO. SE É IMPORTANTE PRA VOCÊ, AGOSTINHO, EU ESPERO. JÁ ME ACOSTUMEI COM A DOR. TOMO MAIS UMAS VINTE PÍLULAS, E AGUENTO. Ô TUCO, VAI COMPRAR UM MINUTO PRÁ MIM NA FARMÁCIA?

TUCO — QUER COMPRAR UM MINUTO? DESDE A MATINÊE QUE EU OUÇO ISSO E NÃO CONSIGO SACAR. ESSE PAPO ESTÁ OCIDENTAL DEMAIS PRÁ MIM.

Corte

Justamente pelo fato do Júnior simbolizar um personagem protesto, a palavra se presta a várias conotações.

MJ-DPF SR/GB
11 FEV 15 02 74 05496
RECEBIDO POR

REDE GLOBO DE TELEVISÃO
CENTRAL GLOBO DE PRODUÇÕES
SCRIPT PARA CENSURA

Programa A GRANDE FAMILIA
Titulo INSISTA NO DENTISTA N.º (72)
Gravação: dia/hora 16/02/74 hs.:
No ar: dia/hora 07/03/74 hs.: 21:00
Autor ODUVALDO VIANNA FILHO E ARMANDO COSTA
Adaptação
Direção PAULO AFONSO GRISOLI
MECANOGRAFIA: 70 CÓPIAS

Obs. marcação fl. 14
Cortes fls. 6, 8, 12 e 17.
Liberação condicionada ao exame do [illegible].
Em 15/02/74
[illegible]

A jarra de plástico em forma de abacaxi, presença constante na mesa da família Silva, foi por vários anos um dos produtos mais comentados e copiados da televisão brasileira.

SILVAS
DA
SELVA

O sobrenome Silva tem origens muito remotas. Em latim, quer dizer “selva”. Os primeiros Silva podem ter sido os bárbaros que viviam nos bosques – ou nas selvas – da Península Ibérica, na época da conquista romana, dois séculos antes de Cristo.

No Brasil, o mais antigo Silva citado em registros históricos é o alfaiate Pedro da Silva, que se estabeleceu na cidade de São Paulo em 1612.

Seria esse Pedro da Silva o tatara-tatara-tataravô de Lineu? Impossível descobrir.

O que sabemos com certeza está aqui – a árvore genealógica da “nossa” família Silva:

FLORIANO SOUZA
LAÍS
SELMINHA PARAÍSO
ODUVALDO CARRARA
MARINA
AGOSTINHO CARRARA
FLORIANO CARRARA

JUVENAL SOUZA
HORÁCIO SILVA
GLÓRIA
IRENE SOUZA
LINEU SILVA
FRANKLIN SILVA
MARIA ISABEL (BEBEL)
ARTUR SILVA (TUCO)
FRANKLIN JR.

A FAMÍLIA, OS MAIS CHEGADOS...

Vamos lembrar, como quem vê um álbum de fotos, um pouco da vida desses personagens tão queridos.

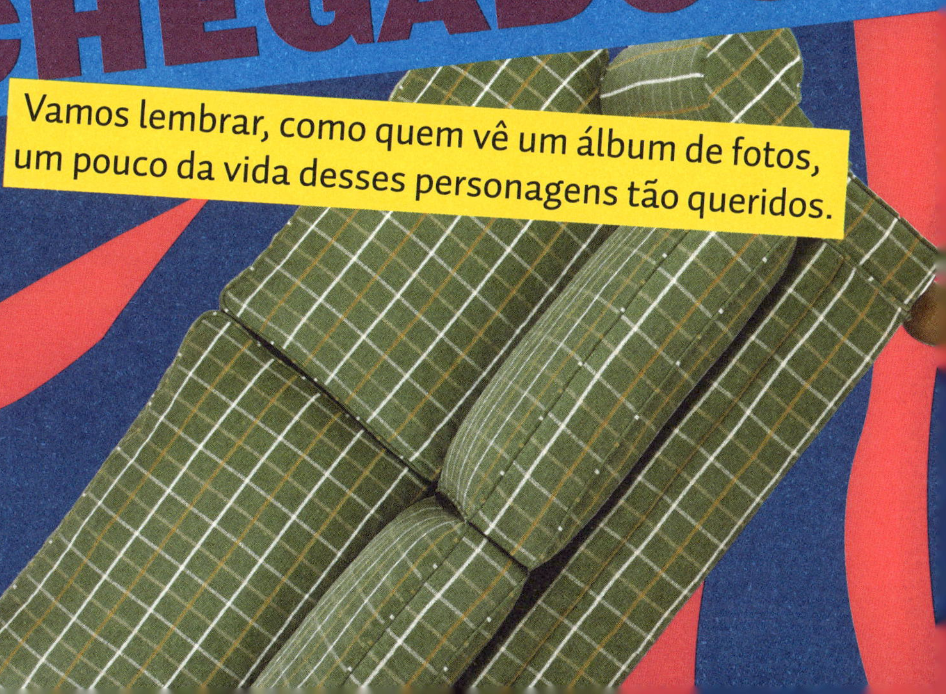

NENÊ
Marieta Severo

Engana-se quem pensa que Irene Souza Silva, a dona Nenê, é apenas uma típica dona de casa do subúrbio. Tudo bem, ela é, sim, uma mãe superprotetora, gosta de cuidar da casa, adora ter todos reunidos ao seu redor e está sempre pronta para resolver os problemas da família – mesmo que tenha de abrir mão das próprias vontades. E, claro, sabe cozinhar como poucos. Quem prova o seu famoso cozido dominical jamais esquece.

Acontece que Nenê é mais que isso. Já foi bailarina, já foi presidente da associação dos moradores da rua, dona de loja de roupas, estilista... até loira ela já foi! Também viajou o mundo de barco ao lado de Lineu, adotou uma criança, virou *chef de cuisine* e dona de restaurante.

Nenê fez um pouco de tudo, mas, ao contrário do que muita gente imagina, santa ela nunca foi. Teve seus pecadinhos – o vício no cigarro, a dependência de calmantes e uma quedinha irrefreável pelo jogo – e lutou para vencê-los.

Parece muita história para uma mãe de família? Pois tem mais. Em certo momento da vida, Nenê cansou de ser mãezona de todos e resolveu fazer análise para descobrir quem realmente era. Como resultado, ela se separou, não de Lineu, mas da família. Saiu da casa onde tinha vivido por tantos anos... e foi morar no puxadinho em cima da garagem, de onde continuava, embora não tão diretamente, participando da vida de todo mundo. Foi nessa fase que Nenê arranjou um namorado. Quem? Lineu, claro, que muitas vezes parava embaixo da janela do puxadinho para declarar seu amor – ou para reclamar da distância, por menor que fosse.

Nenê, definitivamente, não é uma mulher simples. Mas é o coração da família.

Até 2009, Lineu e Nenê não eram oficialmente casados. E eles nem sabiam disso! Só descobriram quando o padre que celebrou a união dos dois foi desmascarado: nunca foi padre de verdade. As cerimônias que ele oficiou não tinham valor. Ao saber disso, Lineu não deu muita atenção, mas Nenê não sossegou até convencê-lo a marcar uma nova cerimônia, dessa vez com um padre de verdade. O novo casamento quase foi por água abaixo, por causa de uma despedida de solteiro armada por Agostinho e Paulão. Beiçola, sempre apaixonado por Nenê, fotografou Lineu no meio das mulheres que Paulão convidou e mandou as fotos para ela. Claro que, no fim, tudo ficou esclarecido, e o casamento enfim foi realizado.

LINEU
Marco Nanini

O ano: 2012. O episódio: *Tal Pai, Tal Filho, Tal Filha*. Lineu está num bar gay, onde foi conhecer a "pessoa maravilhosa" por quem Mendonça, seu melhor amigo, diz ter se apaixonado. Ansioso, Lineu pergunta quem é a tal pessoa: "O barbudo ou o careca?" Mendonça responde que é a garçonete de 18 anos. Lineu reage irritado: "Mas ela tem idade para ser sua neta!" O amigo cobra: "Você não disse que tinha cabeça aberta, sem preconceitos?" Lineu se levanta para ir embora, não sem antes vaticinar: "Namorar um homem, tudo bem. Mas uma menina dessa idade é um absurdo!"

Esse é Lineu. Um homem dotado de conceitos éticos e morais rigorosos, mas que nunca foi moralista.

Médico veterinário, torcedor do Fluminense, fiscal da vigilância sanitária, recordista de multas da repartição, incorruptível. Casado desde sempre com Nenê, passou a vida sustentando os dois filhos e o genro. Seu jeito tímido, meio fechado, muitas vezes é confundido com mau humor, mas quem o conhece sabe do afeto que ele tem pela família e pelos amigos.

Lineu é capaz de grandes atos de generosidade e abnegação. Também tem uma coragem férrea, que o leva a enfrentar qualquer coisa e qualquer um para defender o que acha certo. Por causa disso, tem fama de certinho, mas comete alguma loucura de vez em quando, só para provar que não é mais um careta no mundo.

Afinal, que espécie de careta lidera uma banda de rock na repartição, os Fiscais do Ritmo, que ainda por cima tem no refrão da música: "A gente é chato, mas é do bem"?

Que careta é esse que constrói um barco para dar a volta ao mundo com sua mulher? E que tem a coragem de botar para correr – sozinho – uma gangue de fiscais corruptos que invadiu o bairro? Com direito a ganhar o apelido de Homem do Taco!

Agostinho sempre reclamou do sogro, mas nunca negou: Lineu é o pai que ele queria ter tido – e teve, de certa forma. Um pai severo, mas tolerante com todos. Um exemplo da tolerância de Lineu é o jeito como Tuco o chama. Mal aprendera a falar, o pequeno Tuco tascou um apelido para o pai: Popozão. Era engraçadinho quando Tuco era criança, mas a criança cresceu e virou um barbudo folgado que, com trinta e tantos anos, continuava dizendo: "E aí, Popozão?" Lineu quase nunca reclamava. Quer maior prova de tolerância?

Para Bebel, Lineu é a referência da casa, como um GPS que sempre mostra o caminho certo, ao contrário de Agostinho, que é um GPS com defeito, que, ou indica o caminho errado, ou está fora de área. Já para Florianinho, Lineu é um segundo pai – ou talvez o primeiro. No íntimo, o menino acha que o avô é o único adulto de verdade na família.

E para Nenê? Para ela, Lineu sempre será aquele menino tímido que, numa festa, há tanto tempo, a chamou para dançar.

Se Nenê é o coração da família Silva, Lineu é a razão.

EM-VINDO

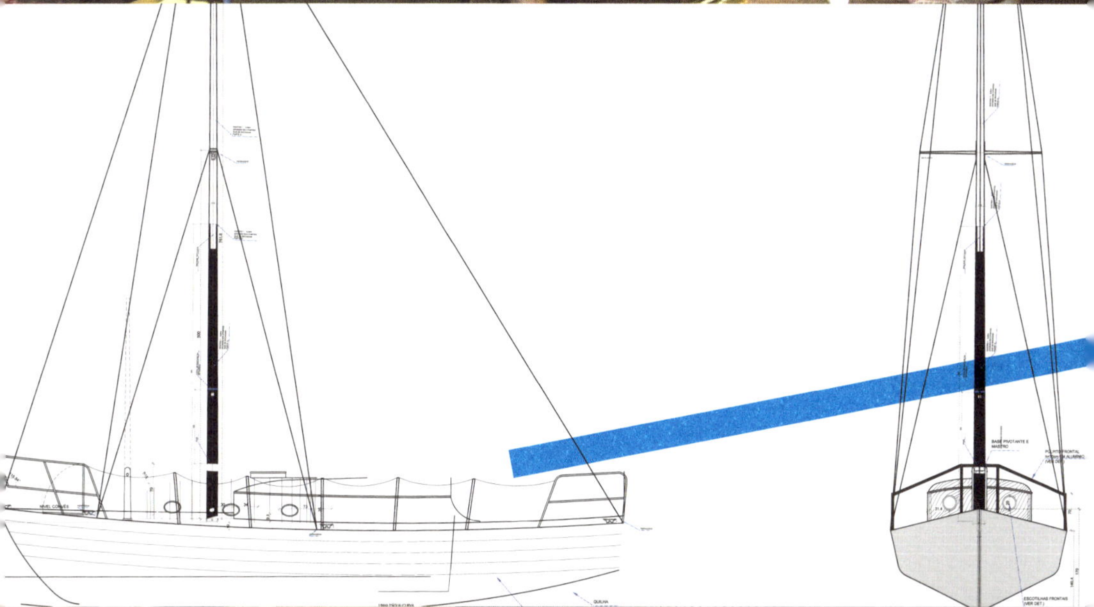

AGOSTINHO
Pedro Cardoso

Pergunte a Agostinho Carrara quem é Agostinho Carrara e provavelmente você ouvirá algo como: "Marido apaixonado, pai de família amoroso, trabalhador incansável. Um taxista humilde que virou empresário de sucesso e venceu na vida. E claro: o Rei de Alcântara." Ele diria isso e se emocionaria, tentando conter uma lágrima. Paulão da Regulagem, se visse, reclamaria: "Você fica muito feio chorando!"

Bebel aplaudiria a resposta do marido – desde que ela estivesse de bom humor. Os dois brigam quase o tempo todo, mas se amam irremediavelmente.

Se a mesma pergunta fosse feita a outros membros da família, a resposta seria mais demorada, e lembraria alguns fatos da vida de Agostinho que o próprio faz questão de esquecer: Agostinho foi sustentado pelo sogro por mais de dez anos; Agostinho foi apanhado tentando sair do Brasil com dólares na cueca; Agostinho apostou as economias da família nos cavalos e perdeu; Agostinho afundou o barco de Lineu; Agostinho se candidatou a vereador, venceu, mas foi cassado e preso porque desviou verbas de campanha; Agostinho sofreu um enfarte porque não aguentou a responsabilidade de sustentar a família; Agostinho é feio chorando – não, não, quem diz isso é o Paulão; a família até acha bonitinho quando Agostinho chora, porque o choro dele é sinal de arrependimento. E ele se arrepende, sinceramente, das burradas que faz.

Sim, Agostinho é um GPS que indica o caminho errado. Mas, mesmo errado, muitas vezes ele acaba acertando.

Bebel foi a única mulher de sua vida. Única mesmo. Ele se casou virgem! Bebel e Agostinho se apaixonaram, brigaram, se separaram, se reconciliaram, se separaram de novo e reataram tantas vezes que nem vale a pena fazer a conta. Esse relacionamento rendeu dois frutos: Florianinho, cujo nome é uma homenagem ao avô de Bebel, e a Carrara Táxis, ou Táxis Carrara (eles não decidiram ainda), a empresa da família.

Além de ser autoconfiante até dizer chega, outra característica de Agostinho é se vestir de maneira, digamos assim, extravagante. Combina camisas listradas com calças xadrez e camisas de bolinhas com calças de cores berrantes.

Ele é simpático, falastrão e muito, mas muito mentiroso. Fala alto e rápido. Muitas vezes, de maneira confusa, apenas para ganhar tempo, enquanto tenta se fazer de vítima por ter sido apanhado em mais alguma de suas armações.

Vilão ou vítima? Ou será talvez vítima de si mesmo? Todas as alternativas estão corretas? De uma coisa não há dúvida: sem Agostinho, a família Silva perderia muito de sua graça.

Antes de se candidatar a vereador, Agostinho Carrara já havia tentado, em 2010, uma vaga de deputado estadual. O problema é que a campanha dele foi um fracasso total. Agostinho recebeu apenas dois votos – um dele mesmo. O outro, até hoje ninguém sabe se foi dado por Bebel ou por Nenê.

BEBEL
Guta Stresser

No dia em que certo magriça abusado, que estava soltando pipa no telhado da casa dos Silva, desabou na cama de Maria Isabel, a vida daquela garota meio maluquinha virou de pernas para o ar. Foi amor à primeira vista.

Bebel sempre foi movida pela paixão. Ela ama explosivamente, e briga mais explosivamente ainda, principalmente com Agostinho.

Mesmo depois de casada, Bebel continuou sendo a típica garota carioca que curte dançar no baile funk, meio ingênua, mimada e um pouco infantil, do tipo que abre o berreiro quando tem alguma vontade contrariada. Mas, quando a empresa de táxis de Agostinho começou a bombar, ela se deslumbrou. Adotou o estilo perua, com gosto para vestidos caros e restaurantes chiques. Chegou a usar lentes de contato coloridas e unhas postiças.

A vida de perua, porém, durou pouco. Agostinho foi preso e Bebel assumiu o comando da empresa. De perua, virou empresária. E uma empresária mão de ferro! Graças a ela, a frota de táxis cresceu, e o lucro também. Agostinho, ao sair da cadeia, ficou morrendo de inveja do sucesso da mulher. E isso, claro, causou mais uma briga do casal. Como sempre, eles acabaram se entendendo, porque os dois podem brigar o quanto for, mas no final é o amor que vence.

Hoje, eles dividem a administração da Carrara Táxis, ou Táxis Carrara –não decidiram ainda –, em plena harmonia. Ou com a harmonia possível, claro.

A primeira atriz a interpretar Bebel, Djenane Machado, saiu do programa na metade da segunda temporada, em agosto de 1973. Ela foi substituída por Maria Cristina Nunes, numa mudança repentina, de um episódio para outro. Agostinho chegou em casa, foi beijar sua esposa e levou um susto com a "cara nova". Bebel disse que tinha feito uma plástica, e pronto, não se tocou mais no assunto.

Carrara Táxi Ca rrara
SE BEBER, VÁ DE CA RRARA TÁXI CARRARA!
24h
RESERVAS PELOS TE FONES: (21) 4444-4772

TUCO
Lúcio Mauro Filho

Poucas coisas tiram Artur Silva do sério. A principal delas é quando o comparam ao pai.

As diferenças começam no futebol – Lineu é tricolor doente; Tuco é flamenguista –, mas vão muito mais longe. Lineu conquistou a independência muito jovem; Tuco passou grande parte da vida ganhando mesada do pai, e nunca se incomodou com isso; Lineu construiu uma carreira longa e respeitável na vigilância sanitária; Tuco abandonou a faculdade de veterinária, todos os empregos pelos quais passou, a carreira de humorista e até um cargo concursado na própria vigilância sanitária.

Tuco se defende: tem alma de artista. Lineu diria que essa alma de artista mora num corpo sem iniciativa. Nenê amarrou o cadarço dele até os 10 anos. E ele fez xixi na cama até os 15. Digamos que o amadurecimento de Tuco foi um pouco mais lento do que a média.

Mas, sejamos justos, o filho mais jovem dos Silva mudou bastante com o passar dos anos. Depois de ser entregador de pizza, taxista, DJ, vendedor de cachorro-quente e até BBB, Tuco descobriu que gosta mesmo é de atuar. Seu primeiro papel mais significativo na TV foi Serginho, personagem do esquete *Papai Não Deixa*, num programa de humor. Serginho era um gay ao mesmo tempo afetado e enrustido, que vivia cercado por três gostosonas que queriam namorar com ele. Serginho tentava escapar delas com as desculpas mais absurdas. Magoadas, as meninas diziam: "Sai do armário, Serginho!", e ele respondia: "Papai não deixa!" As gostosas do Serginho foram interpretadas pelas atrizes Tatá Lopes, Sabrina Rosa e Carolina Chalita (que depois foi substituída por Karina Dohme).

A popularidade de Serginho, em vez de deixar Tuco feliz, lhe causava insatisfação. Ele passou a desejar ser reconhecido como "ator sério". Usou todo o dinheiro que havia ganhado para produzir uma montagem de *Hamlet*, de Shakespeare. Não deu certo.

Como ator "sério", Tuco jamais fez sucesso. Já como atriz... Pois é. A carreira de Tuco só decolou quando ele resolveu se fingir de mulher, adotou o nome artístico de "Betty Dávila" e se candidatou para fazer o papel da mãe da mocinha na novela das nove. O plano deu muito certo, até que Tuco se apaixonou por uma das atrizes da novela e deixou a máscara – ou melhor, a peruca – cair. Revelada a farsa, mais uma vez ele se viu desempregado. E desistiu da carreira de ator. Ou achou que havia desistido.

Tuco estudou e passou no concurso para a vigilância sanitária, deixando Lineu orgulhoso. Ele poderia ter uma carreira tranquila como funcionário público, seguindo os passos do pai. Mas Tuco tinha sua própria estrada a percorrer, mesmo que não soubesse ainda qual era. Na vigilância sanitária, ele continuava atuando, pois estava fingindo ser o que não era.

Até que um dia apareceu na vida de Tuco uma certa Manu, atriz, cantora, cheia de charme. Tuco se apaixonou – por ela e pelo filho pequeno dela, João –, largou tudo outra vez e voltou a sonhar com a carreira de ator de musical. Enfrentou o pai, que no fim acabou se conformando, e voltou à rotina de testes de elenco, bicos e pouca grana. Mas está mais feliz do que nunca.

No Natal de 2007, Lineu chegou a pensar que Tuco talvez não fosse filho dele. Como é que é? Não, a fidelidade de Nenê jamais chegou a ser questionada. Mas a família viu na TV que houve uma troca de crianças na maternidade em que Tuco nasceu, justamente no mês e ano em que Nenê deu à luz. Para piorar, dona Abigail deu à luz seu filho, Júnior, no mesmo dia em que Nenê teve Tuco. E todos passaram a achar Júnior bem parecido com Lineu – no jeito e na maneira de se vestir. Tuco entrou em crise, até ficar provado que ele realmente era um Silva.

SEU FLOR
Rogério Cardoso

Floriano Souza, o pai de Nenê, era um velhinho apaixonado pela vida, que jamais desistiu de buscar o prazer e a aventura, mesmo com pouca grana na carteira e muita idade nas costas. Enquanto foi casado com Laís, mãe de Nenê, mesmo tendo que viajar muito por conta do trabalho, foi um marido dedicado e fiel – ou, pelo menos, um marido discreto o bastante para jamais ser apanhado no flagra. Viúvo e aposentado, foi morar com a filha, o genro, os netos... e Agostinho. Os dois viviam pegando no pé um do outro.

Se Agostinho pensasse uma coisa, seu Flor certamente pensaria outra. Se Agostinho quisesse algo, o pai da Nenê iria querer exatamente o contrário. Não havia ninguém na casa que atazanasse mais Agostinho; nisso, Floriano Souza era rei.

Era rei também do bom humor, da ironia, dos pequenos prazeres da vida. Nunca negou repeteco no cozido da Nenê, adorava um bom namoro e se acomodou muito bem no sofá da sala dos Silva, embora vivesse reclamando de uma mola solta que o espetava nas costas.

Seu Flor teve várias namoradas. Até com Selminha, a mãe de Agostinho, ele "ficou", embora a família não goste de mencionar o assunto. Outra das paixões de seu Flor era uma linda passista de escola de samba, com quem ele teve uma filha, Marina, meia-irmã de Nenê.

O grande ator Rogério Cardoso, que interpretava o seu Flor, morreu do coração em julho de 2003, no meio da terceira temporada do programa, deixando uma saudade incurável no elenco, na equipe de roteiristas e nos telespectadores.

Cada episódio de** A Grande Família **exigia um cuidadoso trabalho de edição e sonorização, processos que podiam levar **60 horas** *de trabalho* **por episódio**! *Veja quantas horas foram empregadas por temporada.*

TEMPORADA	HORAS DE EDIÇÃO	HORAS DE SONORIZAÇÃO
2001	2511	342
2002	2259	360
2003	2259	351
2004	2070	333
2005	2286	342
2006	2169	297
2007	2142	342
2008	2178	342
2009	2115	342
2010	2223	333
2011	2196	684
2012	2187	702
2013	1629	468
2014	1395	432
TOTAL	29619	5670

FLORIANO
Vinícius Moreno

O filho de Agostinho e Bebel herdou um pouquinho das características de cada homem da família. É preguiçoso como o tio, Tuco; metido a malandro como o pai, Agostinho; irônico como o avô, Lineu. O nome também é herança – e homenagem: vem do bisavô, seu Flor.

Floriano não gostava do seu nome, porque era vítima de bullying na escola – os colegas o chamavam de "Florzinha". Até que a família resolveu mostrar para ele quem tinha sido o primeiro Floriano (no episódio *Um Homem Chamado Flor*, da temporada de 2013). O menino ficou amarradão na história do bisavô e nunca mais teve crises com isso.

Ele é louco pela mãe, adora a avó, ama o pai. Mas prefere se abrir mesmo é com o avô, a quem considera mais sensato – e quem não consideraria? Floriano também tem uma forte ligação com o tio e o trata como se fosse um amigo da mesma idade.

Bom aluno, ele nunca foi. Prefere ficar no quarto, imitando o Luan Santana, a estudar. Aliás, quem foi o doido que resolveu dizer que ele era a cara do cantor? O moleque acreditou. E deu no que deu.

Beiçola acha o menino uma peste, mas a verdade é que Floriano Silva Carrara é um moleque muito gente boa.

MARILDA
Andréa Beltrão

Marilda era dona do salão de beleza da rua, o *Cabelo's Hair*, onde Bebel trabalhava como manicure. Solteira e independente, ela era o oposto da dona de casa Nenê. Justamente por isso, as duas se completavam. Marilda era a melhor amiga de Nenê, quase uma irmã. As duas viviam dando palpites na vida uma da outra. Nenê desabafava com Marilda sobre as confusões da família; a amiga se queixava de seus insucessos no amor.

Marilda era uma legítima representante da mulher contemporânea, que conquistou a independência financeira sem abrir mão do sonho de se casar e ter filhos. Era uma pequena empresária que suava para manter seu salão de beleza, apesar dos impostos e da antipatia do sistema bancário. Uma mulher forte, mas cuja vida amorosa parecia sempre destinada ao fracasso. Marilda buscava, a todo custo, viver a fantasia do amor romântico, apontando o seu famigerado "dedo pobre" sempre em direção ao príncipe errado. Ao longo da série, suportou desaforos de homens vacilantes, comprometidos ou mulherengos, num sofrimento amoroso que parecia não ter fim. De repente, se lembrava de quem era e mandava o tipo passear, recuperando a autoestima e dando a volta por cima.

Um dos cafajestes que Marilda namorou foi justamente Tuco, filho de sua melhor amiga. Isso por pouco não acabou com a amizade das duas. Mas, claro, entre o namoradinho e a amigona, adivinha quem Marilda escolheu?

O namorado mais duradouro, com quem Marilda quase se casou, foi Mendonça, cafajeste categoria *master*. Ela também se apaixonou por Paulão da Regulagem, e a relação dos dois pegava fogo! Paulão amava de verdade a "Marilza", como ele costumava chamá-la, mas vivia decepcionando a pobrezinha.

O ruído das grandes pulseiras de plástico se chocando era uma marca registrada de Marilda. Outra era o cigarro, que ela nunca conseguiu abandonar. Marilda era charmosa, impulsiva, solitária e obsessiva. Mais jovem do que Nenê, fazia esta pensar e repensar suas escolhas de vida. O que uma possuía faltava à outra. Por isso, se admiravam e se apoiavam. Tinham em comum a lealdade e a sinceridade, sem a qual nenhuma amizade vai longe.

Cabelo's Hair by Marilda
Tudo para a sua beleza!
Precisa-se de Manicure

PAULÃO
Evandro Mesquita

"Minha vida é um *vidro* aberto", diria Paulo Wilson, mais conhecido como Paulão da Regulagem. Claro que, se lhe pedissem para falar um pouco de si, ele desconversaria, modesto: "Em boca *flechada* não entra mosca." Como se pode notar, ele é um filósofo. Ou não. Paulão sabe muito pouco de muito pouca coisa, na verdade. Suas especialidades são: mulheres e carros, não necessariamente nessa ordem. Ah, também é especialista em dizer besteiras.

Para ele, Agostinho é *Augustinho*. Bebel é *Béu-béu*. Lineu é *Irineu*. Dona Nenê é dona *Neném*, Tuco é *Turco*. E por aí vai. Tem gente que pensa que ele fala tudo errado porque é meio surdo, mas há quem diga que ele faz isso porque é meio doido mesmo.

Sempre muito próximo da família Silva, Paulão também tem suas próprias questões familiares. Sua relação com Fabinho, seu afetado irmão gêmeo, nunca foi muito tranquila. E ele se ressente de que sua mãe, dona Cráudia (Marilu Bueno) dê mais atenção ao irmão do que a ele. Em tempo: não é Cláudia, é *Cráudia* mesmo. Aparentemente, falar errado é uma característica que acompanha a família há gerações.

Dono da oficina que virou sede da empresa de táxis, ele é o melhor e mais fiel amigo que Agostinho poderia sonhar em ter. E virou seu sócio "mijóritário" na Carrara Táxis – ou Táxis Carrara, eles jamais conseguiram decidir.

Paulão sempre foi o que se convencionou chamar de "galinha", ou seja, um grande namorador. Teve um longo caso de amor com Marilda, recheado de infidelidades – da parte dele, claro. Ou, como ele disse, a respeito de uma de suas peguetes: "A *Marilza* é a mulher da minha vida. Essa aí é só a mulher desta semana."

Depois da Marilza, Paulão também namorou Daniele da padaria, mãe de suas filhas gêmeas: Maria e Isabel. E só se aquietou ao encontrar o grande e verdadeiro amor de sua vida, Lurdinha, que o leva na rédea curta. Curtíssima, aliás.

TERRAÇO

Carrara
IRANDIBA
TAXI

MENDONÇA

Tonico Pereira

O melhor amigo de Lineu é também o sujeito mais sem noção que a família já conheceu. É aproveitador, farrista e tem um caráter dos mais duvidosos, praticamente o estereótipo do mau funcionário público de que tanto reclamamos no nosso dia a dia.

Chefe imediato de Lineu na vigilância sanitária, Mendonça sente um grande carinho, amor mesmo, pelo seu Lineuzinho. E pelo Goytacaz Futebol Clube, antigo e tradicional clube do estado do Rio de Janeiro.

Ao contrário de Lineu, Mendonça é pouco afeito ao trabalho e amante das noitadas com o pessoal da repartição.

O que faz um funcionário exemplar como Lineu aturar alguém como Mendonça?

Na última temporada da série, enfim, descobrimos. Quando jovem, Mendonça foi o primeiro namorado de Nenê, antes mesmo de conhecer Lineu, que já era apaixonado por ela. Lineu contou a Nenê sobre uma traição de Mendonça e a "roubou" dele. A culpa por esse gesto fez com que o "Lineuzinho" se tornasse protetor do "Mendoncinha".

BEIÇOLA
Marcos Oliveira

Abelardo não faz parte da família Silva, mas bem que poderia – e queria – ser. O pasteleiro, que nas horas vagas é advogado, apareceu na *Grande Família* já no primeiro episódio, e desde sempre alimentou uma paixão por dona Nenê.

Nenê, paciente que só ela, tolera, em nome da amizade e da boa vizinhança, as desastradas investidas de Beiçola, que, coitadinho, "não é bom da cabeça".

Beiçola sempre foi um "filhinho da mamãe" e jamais conseguiu superar o trauma da morte de dona Etelvina. Tanto que, de vez em quando, ele surta e assume a personalidade da mãe, com direito a peruca grisalha, xale, vestido preto e bigodinho de velha portuguesa, numa versão lusitana de *Psicose*, do Hitchcock. Dona Etelvina, encarnada por Beiçola, odeia Nenê, porque acha que ela quer se aproveitar do pobre Abelardinho.

Esse "pequeno" problema de Beiçola é superado com tratamento psiquiátrico e muitos, muitos remédios tarja preta que deixam o pasteleiro quase normal. O perigo é ele esquecer de tomar os remédios...

A família Silva vive reclamando do pastel de camarão sem camarão da pastelaria, mas está sempre lá, tomando um chopinho. Quando precisam de um advogado, é a Beiçola que recorrem. E, claro, sempre o convidam para as festas de família.

...E OS
AMIGOS

Em **catorze** temporadas, *A Grande Família* de 2001 apresentou mais de **cem** personagens, sem contar o elenco fixo. Seria impossível mencionar todos, mas é certo que cada um teve seu momento de brilho. Alguns, com o tempo, se tornaram parte da família Silva. Vamos falar deles como Lineu faria: organizadamente, numa lista em ordem alfabética. E, se houver algum esquecimento – certamente haverá –, diremos que a culpa é do Agostinho.

ABIGAIL

Márcia Manfredini

Dona Abigail, uma mulher alta, esguia, que sempre usa o cabelo preso em coque e pesados óculos com armação em forma de orelhas de gatinho, é a típica vizinha invejosa. Ela odeia o fato de Nenê ser tão popular no bairro. Tem uma língua afiada e tenta rivalizar em tudo com dona Nenê. Até no amor.

Calma! Abigail nunca teve nada com Lineu. Mas seduziu Beiçola, eternamente apaixonado por dona Nenê. Os dois, que se tratavam por "Bibi" e "Bebê", tiveram um relacionamento intenso, regado a brigas, chicotinho e algumas infidelidades – imaginárias, da parte de Beiçola e sua eterna paixão platônica por Nenê, ou carnalmente reais, como quando Abigail ficou tarada por Paulão da Regulagem.

ALMEIDINHA

Oswaldo Loureiro

Antigo chefe de Lineu na vigilância sanitária, Almeidinha era autoritário, injusto e vivia abusando da boa vontade de seu mais eficiente funcionário.

BRAGA

Álamo Facó

Ele se diz o maior dos jovens *chefs de cuisine* do país, talvez do mundo! Garante ter trabalhado nos melhores restaurantes, só não gosta de lembrar que foi demitido de todos devido a seu temperamento. Braga é arrogante, duro, algumas vezes grosseiro, mas também é apaixonado pelo seu trabalho, por bons vinhos e pelas mulheres.

No momento em que Nenê mais precisava se reinventar, Braga surgiu em sua vida. Ele empregou Nenê em seu restaurante, a *Adega do Braga*, por total falta de opção, pois precisava de uma ajudante de cozinha com urgência para dar conta do movimento do dia das mães. Nenê, aquela senhora com ar de dona de casa, singela e delicada, mandou bem. Foi ficando, ficando... e acabou encarando Braga de igual para igual.

Nenê passou rapidamente de ajudante a chefe de cozinha – e, no fim de 2014, decidiu que estava na hora de abrir seu próprio restaurante. Braga ficou carente...

CABELO, PENTELHO, FUMAÇA E FOGUETE

Bruce Gomlevsky, Rodrigo dos Santos e Rodrigo Penna

FUMAÇA (Rodrigo Penna)

Tuco sempre teve amigos tão folgados e perdidões como ele. Nas primeiras temporadas, seus *brothers* eram Cabelo (Rodrigo dos Santos) e Pentelho (Bruce Gomlevsky). Mais tarde, apareceu Fumaça (Rodrigo Penna), que teve papel importante – embora não agradável – na vida de Tuco. Fumaça é o verdadeiro pai do filho que Tuco pensava ser dele. Isso, como se pode imaginar, abalou um pouco a amizade dos dois. Tempos depois, surgiu outro amigo, o Foguete (Bruce Gomlevsky). Mas... Peraí. Bruce Gomlevsky não interpretava o personagem Cabelo? Foguete e Cabelo são a mesma pessoa? Calma, que complica mais. No episódio da temporada de 2014 *Um conto da Copa*, baseado no conto *A Christmas Carol*, de Charles Dickens (publicado em 1843), Tuco, sozinho em sua van de cachorro-quente, recebeu a visita do fantasma de Fumaça, que insistia para que ele mudasse de vida. Só que Fumaça, dessa vez, aparecia com a cara de Bruce Gomlevsky! Como explicar isso? Todos os amigos de Tuco se parecem? Ou é Tuco quem vê todos os seus amigos com a mesma cara? Pode ser uma coisa, pode ser outra. A memória de Tuco fica meio nebulosa, às vezes.

CABELO (Rodrigo Santos)

PENTELHO (Bruce Gomlevsky)

DANIELE DA PADARIA

Nina Morena

Bela e sensual, Daniele, como seu apelido deixa óbvio, trabalhava numa padaria do bairro. Durante algum tempo, foi apaixonada por Agostinho. Ele, porém, fiel a sua amada Bebel, nunca deu bola para a moça. Ela chegou a se envolver rapidamente com Mendonça, que parava na padaria para tomar um café, depois de dar carona a Lineuzinho, mas acabou ficando mesmo com Paulão da Regulagem. Ele era apaixonado por Daniele, mas ela nunca quis nada com Paulão, porque ele era pobre. Mas Paulão não desistia. Chegou a pedir ajuda a seu irmão gêmeo, Fabinho. No início, queria apenas algumas dicas, mas, no desespero, bolou um plano maluco: pediu para Fabinho se passar por ele e seduzir Daniele. O irmão, que é gay, achou aquilo um absurdo, mas Paulão insistiu tanto que ele acabou topando. O plano deu tão certo que Fabinho, mesmo contra sua vontade – e contra a vontade de Paulão, é claro – acabou indo para a cama com Daniele. Ela engravidou. Como os irmãos eram gêmeos idênticos e Daniele havia transado com os dois, nenhum teste de DNA poderia confirmar quem era o verdadeiro pai. Nasceram meninas gêmeas. Paulão decidiu assumir a paternidade e, em homenagem a Bebel, batizou as filhas de Maria e Isabel. Mas ele nunca sabe dizer qual é qual.

DENTADA

Alexandre Zacchia

Agostinho sempre teve uns amigos barra--pesada. Dentada, bandido pé de chinelo, truculento e meio burro, era um deles. Por causa de Dentada, Agostinho se meteu em vários rolos com a polícia e com outros bandidos. Sempre conseguiu escapar ileso, ou quase – algumas vezes, acabou apanhando.

FONTES

Luiz Fernando Guimarães

Dono de empreiteira, rico, cafona e corrupto, Fontes foi o homem que desgraçou a vida de Agostinho. Primeiro, ele mandou incendiar o Paivense; seu plano era comprar o terreno e construir um condomínio de luxo no lugar. Os moradores, liderados por Lineu, salvaram o clube, mas as maldades de Fontes não haviam terminado. Decidido a ter alguém na administração pública que o ajudasse a fraudar licitações, entre outras maracutaias, Fontes financiou a candidatura de Agostinho a vereador. Agostinho, que no fundo é um malandro ingênuo, achava que Fontes apostava na sua candidatura desinteressadamente. Esse foi o primeiro erro de Agostinho. O segundo foi usar parte da verba de campanha para pagar a hipoteca que Lineu havia feito e, assim, salvar a casa da família. Agostinho acabou cassado e preso por caixa 2 e corrupção. Fontes, com dinheiro e bons advogados, conseguiu escapar.

FRANKLIN

Pedro Paulo Rangel

Irmão mais novo de Lineu, Franklin é o filho rebelde de Horácio. Durante toda a vida, foi um malandro que nunca teve emprego duradouro e sempre quis ser artista. Mais ou menos como Tuco, não é? Lineu também acha isso, e durante anos lamentou a semelhança entre tio e sobrinho. Franklin, ao contrário de Lineu, teve um filho igualzinho a ele, Franklin Júnior, um cantor de meia-tigela interpretado pelo cantor Latino no episódio *Operação Barata Voa*.

GENILSON

William Guimarães

Fiel escudeiro de Beiçola e funcionário mais antigo da pastelaria. Na verdade, é o único funcionário. Ele fala pouco, muito pouco mesmo. Não porque seja mudo, como dizem as más línguas, mas porque Beiçola nunca deixa o coitado dizer o que pensa.

GENOVEVA
Ana Rosa

Uma das namoradas mais constantes do seu Flor, dona Genoveva era bonita, sexy... e morava num asilo. Seu Flor cometeu loucuras por causa dela. Quase se casou! Mas Genoveva não queria depender de ninguém, nem de parentes, nem de namorados. A relação dela com o "velhinho safado" até que durou bastante, levando em conta o temperamento do seu Flor.

GINA
Natália Lage

Maria Angelina, a Gina, era moderninha, descolada, inteligente, rica... Ninguém entendia como ou por que ela havia se apaixonado por Tuco. Mas o fato é que os dois se amavam, embora vivessem brigando, pois Gina não aturava as criancices de Tuco. Mesmo assim, os dois quase se casaram. O casamento só não aconteceu porque o pai de Gina teve um enfarte na hora da cerimônia.

GLÓRIA

Suzana Ribeiro (Glória jovem) e Laura Cardoso

Mãe de Lineu, Glória era uma cantora de bolero, livre e independente, que se apaixonou por um militar sério e conservador. Era um relacionamento que tinha tudo para não dar certo, mas até que deu, por alguns anos. Glória e Horácio se casaram, construíram uma casa e tiveram dois filhos: Lineu e Franklin. Felizes para sempre? Horácio era feliz, embora fosse travado demais para demonstrar. Glória queria mais. Sentia falta da liberdade de antes. Até que se apaixonou por um violonista e largou tudo: casa, marido e filhos. Horácio jamais superou a rejeição, e se vingou impedindo que os meninos tivessem qualquer contato com a mãe. Lineu cresceu sentindo raiva de Glória, e só conseguiu superar isso décadas depois. Quando a mãe e Lineu se reencontraram, ele já era avô, e Glória era uma velhinha destrambelhada que fumava, bebia, namorava e ainda cantava na noite. A relação que os dois estabeleceram nunca foi tranquila, mas Lineu aprendeu a gostar da mãe e a perdoou.

GLORINHA

Bianca Byington

Prima de Nenê, lá de Governador Valadares. Glorinha se casou com um empresário rico e se afastou da família, até que um dia perdeu tudo. Seu marido foi acusado de participar de um esquema de corrupção e fugiu do país. Glorinha, que havia se tornado uma perua perdulária e espalhafatosa, foi buscar refúgio na casa de Nenê. Ingênua, Glorinha tinha certeza de que seu marido era inocente. Nenê a ajudou e até acabou sendo presa junto com ela, num mal-entendido que Lineu teve que desfazer.

ÍNDIA

Kika Freire (foto), Catarina Abdalla e Arminda Freire

A Índia, feiticeira do bairro, é uma personagem misteriosa. Tão misteriosa que não se sabe nem seu nome. Em alguns episódios foi chamada de Índia Potira, em outros de Índia Potyra (com "y") e em outros de Índia Jurema (!). Sua aparência também nunca era a mesma, pois foi interpretada por três atrizes diferentes. Mais que personagem, era uma entidade. Agostinho recorreu a ela para, como ele dizia, deixar de ser "oco" (estéril) e engravidar Bebel. Sua mulher de fato engravidou, depois de um longo tratamento médico ao qual ela e Agostinho se submeteram, e Floriano nasceu. Na cabeça de Agostinho, porém, o mérito é todo da Índia.

JOÃO

Cauê Campos

Filho de Manu e enteado de Tuco. João demorou a se acostumar com o novo namorado da mãe, e Tuco levou tempo para se habituar com a função de pai emprestado. Após um período de mútua implicância, porém, os dois se tornaram grandes amigos.

JÚNIOR

Fábio Porchat

Filho de um antigo amigo de Lineu, Júnior é um jovem empresário que comprou a butique popular By Kelly Blue, tornando-se, primeiro, chefe, depois sócio e, por fim, amigo e confidente de Nenê. Júnior é um comerciante com faro para grana, mas com um enorme coração.

Sem nenhum problema com sua sexualidade, ele nunca escondeu nada de ninguém. Até mesmo a paixonite que ele nutria por Paulão se tornou pública, para desgosto do pobre Paulão, que passou um tempo tentando fugir do rapaz.

JUVA

Suely Franco

Viúva que morava perto da casa da família, dona Juva conquistou seu Flor pelo estômago. Vivia empurrando comida para ele, e dizia que achava bonitinho quando Floriano fazia "croct-croct" ao mastigar. A relação de amor e guloseimas superou vários obstáculos, inclusive o maior de todos: Juva faleceu durante uma celebração da família em memória de seu Flor e foi sepultada bem perto dele.

JUVENAL

Francisco Milani

Pense num tio mala. Mas muito, muito mala. Este era Juvenal, tio de Nenê. Mal-humorado e mesquinho, o tio mala roubava no jogo de cartas, entupia o vaso sanitário e gostava de dançar nu no banheiro. Mas tinha uma alma sensível. Tão sensível que se apaixonou por dona Etelvina, mãe de Beiçola. O problema é que Etelvina já estava morta havia tempos; Juvenal, sem saber, fez uma proposta de namoro ao próprio Beiçola, que, surtado, assumira a personalidade e as roupas da mãe.

Foi um alívio para a família quando ele decidiu voltar para sua terra, Governador Valadares.

KELLY

Katiuscia Canoro

Amiga de Nenê, marrenta e barraqueira. Durante algum tempo, Nenê e Kelly foram sócias na By Kelly Blue. Nenê era a estilista, e Kelly administrava a loja.

LAURA

Eva Wilma

Psicóloga que Nenê procura para resolver sua crise existencial. Nas conversas com Laura, Nenê revela muito de seu passado: a carreira de bailarina clássica que ela abandonou, a relação conflituosa com a mãe, a gravidez inesperada que mudou sua vida. É também com Laura que Nenê começa a definir seu futuro e decide deixar de ser tão mãe para voltar a ser mais mulher.

LURDINHA

Maria Clara Gueiros

Lurdinha era uma bandida. Chegou a roubar um bebê de um orfanato para dar um golpe em Mendonça. Usou a criança para tentar outro golpe, dessa vez na família Silva. Tentou matar Paulão... Mas se apaixonou por ele.

Ah, o amor!

Por amor, Lurdinha largou o mundo do crime e virou temente a Deus – apesar de ninguém entender direito que religião é essa que ela segue. O que todo mundo sabe é que ela não pode botar sequer uma gota de álcool na boca, senão vira bicho.

Maria de Lurdes é tão louca por Paulão que chegou a criar um personagem, uma loira sensual, para ser amante do mecânico e deixar o cara mansinho, sob controle. Paulão, claro, acreditou, feliz da vida.

MANU

Roberta Rodrigues

Atriz, cantora, mãe... Manu é uma mulher fascinante. Não foi à toa que Tuco se apaixonou por ela. Só que, ao contrário de todas as outras namoradas que Tuco já teve, Manu, mãe de João, um pré-adolescente, põe diante dele um novo desafio: para ficar com ela, Tuco, aos trinta e muitos anos, precisa se tornar adulto. Para surpresa de toda a família, ele consegue.

MARGÔ PEREBA

Lília Cabral

Margarete, ou Margô, começou a ser chamada de "Pereba" na juventude, e o apelido pegou que nem... pereba. Amiga de Nenê dos tempos de colégio, Margô era apaixonada por Lineu e nunca perdoou Nenê por ter "roubado" o homem que ela amava. Egoísta, maquiavélica e metida a chique, Margô também era conhecida como "a princesinha do Catete".

MARINA

Camila Pitanga

Irmã mais nova de Nenê, mas apenas por parte de pai. Marina é fruto de um caso que seu Flor teve com uma passista de escola de samba e herdou da mãe a paixão pelo Carnaval, tornando-se rainha de bateria. Seu Flor reconheceu legalmente a filha e a sustentou, mas manteve sua existência em segredo para o restante da família. Por causa disso, ela e Tuco acabaram namorando, sem nem desconfiar de que eram tia e sobrinho. A paixão de Tuco por Marina obrigou seu Flor a revelar o parentesco. Nenê ficou chocada ao descobrir que tinha uma irmã, mas rapidamente se acostumou com a ideia. Quem teve mais dificuldade para se acostumar foi Tuco...

MESQUITA

Cândido Damm (foto) em 2009 e Otávio Augusto de 2011 a 2014

Você acha que Mendonça tem caráter duvidoso, é leniente no trabalho, egoísta e, acima de tudo, um chato? Pois o doutor Mesquita, chefe do chefe de Lineu, o superava em tudo isso. Não à toa, estava acima de Mendonça na repartição, que supervisionava de seu escritório no temível nono andar. Mas, assim como Mendonça, doutor Mesquita também tinha suas qualidades. Só Lineu e seu chefe conseguiam enxergá-las, mas ele tinha.

O melhor dos baixistas a passar pelos *Fiscais do Ritmo*, Deus o tenha, ganhou uma bela homenagem na última temporada de *A Grande Família*, no episódio *Rock And Roll Nunca Morre*. Foi quando Lineu, num arroubo de loucura, decidiu cumprir uma antiga promessa e roubou a urna com as cinzas de Mesquita para jogá-las, em plena madrugada, do alto do escritório, no nono andar da repartição.

ODUVALDO

Francisco Cuoco

Se Agostinho é malandro e viciado em apostas, seu pai é uma versão mais velha e piorada. Ele sempre viveu de trambiques e abandonou Selminha, sua mulher, quando Agostinho era pequeno.

Um detalhe sobre a escalação do personagem: na novela *Pecado Capital*, de 1975, escrita por Janete Clair, o par romântico principal era formado pelo taxista malandro Carlão (Francisco Cuoco) e pela batalhadora Lucinha (Betty Faria). Não por acaso, os dois foram escolhidos para viver os pais do taxista malandro Agostinho Carrara. O nome do personagem, óbvio, é uma homenagem a Vianinha.

PAJÉ MURICI

Luís Miranda

Sucessor da Índia, de quem talvez tenha sido discípulo, o pajé Murici é uma mistura de mau motorista de táxi com péssimo pai de santo. Tem uma família enorme, na qual todo mundo, homens e mulheres, tem nome terminando em "ci"; Jaci, Derci, Araci, Cleci, Darci, Saideci, Solaci e por aí vai.

Ninguém confia muito nos poderes mediúnicos desse baiano, mas, pelo sim, pelo não...

Até Lineu já recorreu a ele, quando teve uma crise que o levou a acreditar que não "dava mais no couro". A questão foi resolvida, mas não graças ao pajé.

Certa vez, o pajé convenceu dona Nenê a alugar o quarto de Tuco para ele. A consequência foi a formação de uma enorme fila na sala dos "clientes" que vinham se consultar com o pajé. Ele acabou expulso da casa da família, como era de se esperar.

Misterioso, o pajé gosta de dar uma sumida para fazer uns trabalhinhos pela Bahia. Mas sempre acaba voltando à Carrara Táxis.

REMELA

Diogo Vilela

Remela, ou Wesley, seu verdadeiro nome, conhece Agostinho desde que os dois eram crianças. Só que Remela seguiu o caminho do crime. Não foi uma boa escolha, porque ele é um bandido muito incompetente. Passa boa parte do tempo preso e, quando sai da cadeia, em liberdade condicional ou foragido, aproveita para visitar o amigo – e invariavelmente envolve Agostinho em alguma encrenca.

Dá para dizer que Remela é o que Agostinho seria se jamais tivesse encontrado a família Silva. O próprio Agostinho reconhece isso.

SELMA

Betty Faria

Mãe de Agostinho, foi abandonada pelo marido quando Agostinho era praticamente um bebê. Selma teve que rebolar para sustentar o filho. Literalmente. Mais conhecida como *Selminha Paraíso*, ela foi dançarina do programa de auditório do Chacrinha – uma *chacrete*, como se dizia. Corajosa e independente, Selma é uma mulher despida de preconceitos. Bastante despida. Quando Agostinho era criança, ela posou nua para uma revista masculina. E, depois que Agostinho já era adulto e estava casado com Bebel, ela atuou num filme erótico. Agostinho descobriu isso da pior maneira possível, ao reconhecer a própria mãe numa cena de sacanagem no filme que estava vendo.

Agostinho sempre teve uma relação difícil com a mãe, mas, no íntimo, a admira por ser uma batalhadora.

VIVI

Leandra Leal

Viviane foi uma das grandes paixões da vida de Tuco. Eles chegaram até a ter um filho, o primeiro neto de Lineu e Nenê... ou não. Quando o menino já estava com 3 anos, Tuco descobriu que o pai, na verdade, era seu amigo Fumaça (interpretado por Rodrigo Penna). Tuco ficou arrasado, mas, pelo menos, parou de se sentir mal por não pagar pensão alimentícia.

MINHA CASA, MUITAS VIDAS

A casa da família nasceu antes da família. Era um terreno no subúrbio. Horácio, o pai de Lineu, comprou o terreno e construiu uma casa para viver com sua mulher, Glória, e com o filhinho que ela estava esperando. O filho nasceu, a casa ficou pronta.

Horácio e Glória não viveram felizes para sempre. Ele era militar; ela, cantora. Horácio queria sossego; Glória, aventura. Horácio sabia que aquela era a mulher da sua vida; Glória se apaixonou por um violonista e abandonou a casa, o marido e os dois filhos: Lineu, já grandinho, e Franklin, praticamente um bebê.

Os três ficaram sozinhos em casa. Órfãos.

Quando, muitos anos depois, Horácio soube que Lineu havia engravidado sua namoradinha, uma tal de Nenê, ficou furioso. Mas, depois de espinafrar o filho, ofereceu a casa: Lineu poderia morar ali com a mulher e o bebê dos dois, até se ajeitar na vida.

O bebê foi batizado de Maria Isabel Sousa Silva, a Bebel, que virou o xodó do avô. Nenê e Lineu jamais saíram da casa, e Horácio nunca reclamou disso.

Depois que Horácio morreu, o pai de Nenê, seu Flor, viúvo e aposentado, foi morar com a família.

Quando Lineu decidiu viajar pelo mundo de barco com Nenê, ele transferiu a propriedade da casa para os filhos. Tuco, imediatamente, vendeu sua parte a Bebel e queimou todo o dinheiro para produzir uma montagem teatral de *Hamlet*. A casa, assim, passou a pertencer a Bebel e Agostinho.

Lineu e Nenê voltaram para visitar a família. Agostinho, desesperado porque não conseguia tomar conta da família, afundou o barco de Lineu, meio por acidente, meio de propósito.

Todos passaram a morar na mesma casa. Como antes. Só que ninguém mais ali era como antes, e isso gerou muitos conflitos, até surgir uma espécie de acordo tácito: Agostinho e Bebel podiam ser os donos da casa, mas Lineu e Nenê ainda eram, e sempre seriam, os chefes da família.

CASA EM 2001

A Grande Família era gravada no Projac, parte em estúdio fechado, parte na cidade cenográfica ao ar livre. E os cenários eram bastante amplos. Veja as medidas:

- CASA DA FAMÍLIA – **465M²**
- PUXADINHO – **45M²**
- CASA DE BEBEL E AGOSTINHO – **150M²**
- PAIVENSE – **202M²**
- REPARTIÇÃO DE LINEU – **172M²**
- RESTAURANTE ADEGA DO BRAGA – **165M²**

Na construção da cidade cenográfica, foram utilizados:

- **11.900 METROS** DE TÁBUAS E SARRAFOS
- **382 QUILOS** DE PREGOS
- **1.044 LITROS** DE TINTA

Para a temporada de 2014, a cidade cenográfica onde A Grande Família *era gravada tinha 3.334 m² de área construída, com 14 prédios.*

AS “CATU-CADAS

É impossível pensar em *A Grande Família* sem se lembrar da música de abertura do seriado:

ESTA FAMÍLIA É MUITO UNIDA
E TAMBÉM MUITO OURIÇADA
BRIGAM POR QUALQUER RAZÃO
MAS ACABAM PEDINDO PERDÃO...

PIRRAÇA PAI!
PIRRAÇA MÃE!
PIRRAÇA FILHA!
EU TAMBÉM SOU DA FAMÍLIA
EU TAMBÉM QUERO PIRRAÇAR...

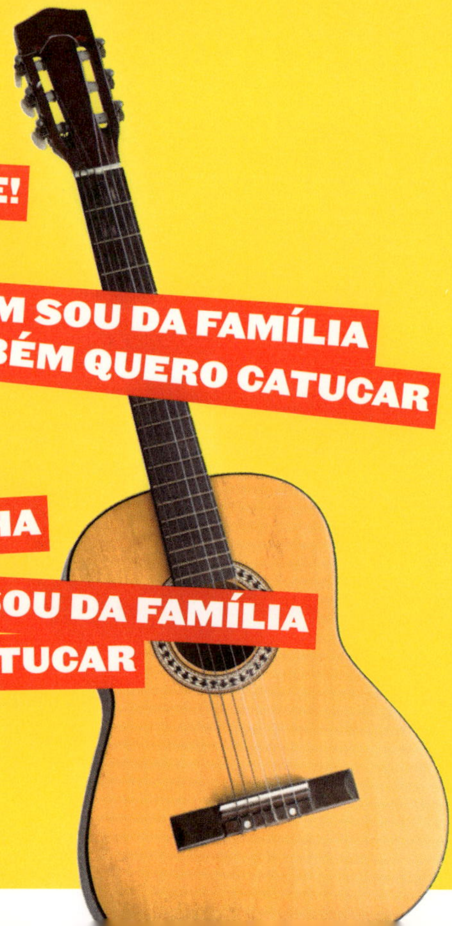

CATUCA PAI!
CATUCA MÃE!
CATUCA FILHA!
EU TAMBÉM SOU DA FAMÍLIA
TAMBÉM QUERO CATUCAR

CATUCA PAI, MÃE, FILHA
EU TAMBÉM SOU DA FAMÍLIA
TAMBÉM QUERO CATUCAR

VINIL ORIGINAL

E, depois, muitos catucasquais quais quais quais...

A versão original, que abria o seriado dos anos 1970, é criação da dupla de músicos baianos Tom & Dito. Para o especial de Natal de 1987, foi regravada por Beth Carvalho. E, para o remake de 2001, renasceu com Dudu Nobre.

Para a temporada de 2013, o *catucasquais* (como a música era conhecida na redação do programa) foi regravado por Ivete Sangalo. E, para a temporada de 2014, a última, ganhou uma versão "de raiz" na voz de Zeca Pagodinho.

Há outra gravação histórica: no final do episódio *Os Fiscais do Ritmo*, da temporada de 2011, a banda de Lineu tocou a própria versão da música. Lineu e Tuco dividiram os vocais.

Especulava-se na redação, informalmente e em tom de piada, é claro, quem deveria regravar o *catucasquais* se *A Grande Família* continuasse no ar. Roberto Carlos, David Bowie, Caetano Veloso e Andrea Bocelli foram mencionados.

CONVERSA EM FAMÍLIA

Que tal lembrar algumas gírias do tempo de *A Grande Família* de 1972 e outras de agora?

No episódio *O Que É Que Você Vai Ser na Vida, Meu Filho?*, exibido em maio de 1973, Lineu e companhia pressionam Tuco para que ele deixe de ser preguiçoso. Com tanta cobrança, o menino explode: "Fundiu minha cuca! Estou pinel! Estou *Juquerí*! Olha o meu pai, estudou paca, agora trabalha de sol a sol, transando só com careta, todo mundo querendo passar o outro para trás, só na cotovelada (...) Todo mundo querendo ser o primeiro. Os Emerson Fittipaldi da vida. (FAZ BARULHO DE AUTOMÓVEL) Roooon!"

Vamos pular 42 anos no tempo para o último episódio da nova versão, exibido em 2014. Ao descobrir que a Globo quer fazer um seriado baseado na família Silva, Agostinho logo se imagina protagonista. Mas Tuco reage: "Pirou, Agostinho? Tá na cara que o seriado é sobre um jovem talentoso que ralou para convencer a família de que o lance dele é ser artista."

Em quatro décadas, o jeito de falar do brasileiro mudou *paca*. Claro que as falas dos personagens também acompanharam essas mudanças. Em vez de *fundir a cuca* ou *ficar pinel*, o *pinta* do Agostinho passou a *pirar*. *Sacou*? Ou ainda tá *ruim* de entender *qual é a pira*?

Claro que esses exemplos podem estar desatualizados, ou provavelmente estarão antes que este Almanaque chegue às livrarias.

Afinal, por mais boa vontade que se tenha, é muito difícil acompanhar as gírias que a juventude cria toda semana. Valeu? Ou, como se usa em mensagens de texto do celular: VLW?

ALGUMAS GÍRIAS DE ONTEM... *E DE HOJE...*

ABAFAR = CAUSAR

BATUTA = SHOW

DONDOCA = PATRICINHA

BARRA LIMPA = TUDO TRANK'S

GRILADO = BOLADO

GAMADO = AMARRADÃO

DAR UM TIME = DAR UM TEMPO

XUXU BELEZA = RESPONSA

BROTO = TCHUTCHUCA

BOA-PINTA = BOYZINHO

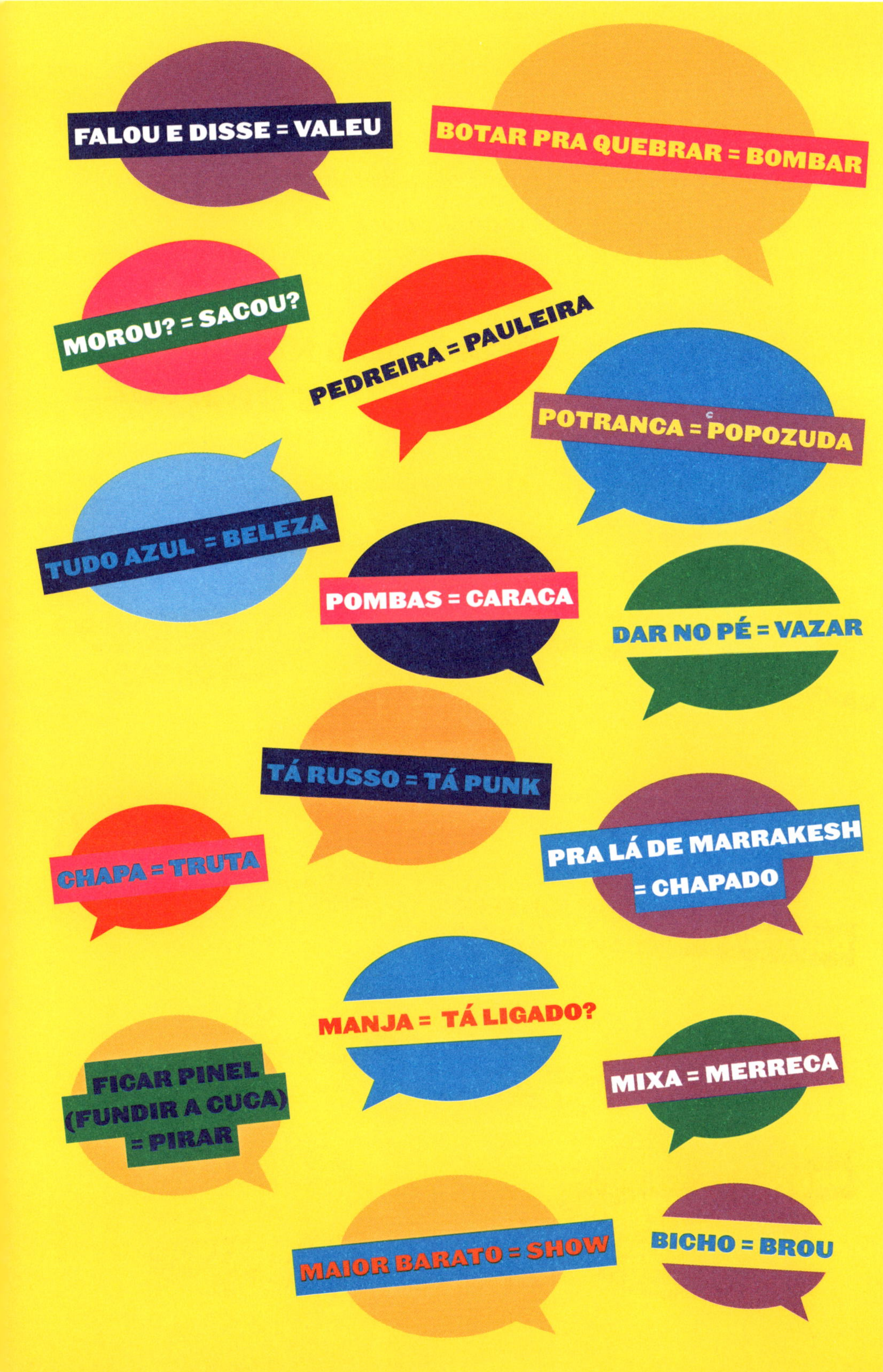
FALOU E DISSE = VALEU
BOTAR PRA QUEBRAR = BOMBAR
MOROU? = SACOU?
PEDREIRA = PAULEIRA
POTRANCA = POPOZUDA
TUDO AZUL = BELEZA
POMBAS = CARACA
DAR NO PÉ = VAZAR
TÁ RUSSO = TÁ PUNK
CHAPA = TRUTA
PRA LÁ DE MARRAKESH = CHAPADO
MANJA = TÁ LIGADO?
FICAR PINEL (FUNDIR A CUCA) = PIRAR
MIXA = MERRECA
MAIOR BARATO = SHOW
BICHO = BROU

OS FISCAIS DO RITMO

Década de 1960. O menino Lineu Silva contava os dias para seu aniversário de 15 anos. Horácio, seu pai, por baixo da casca de militar durão, sofria por se sentir distante do filho, que era um garoto triste, esquivo, criado longe da mãe. O auge dos Beatles e do "Iê, iê, iê", como se dizia na época, inspiraram Horácio a fazer uma tentativa de aproximação: por mais que, do alto de seu nacionalismo, ele odiasse aquela música dos gringos cabeludos, perguntou se o filho gostaria de ganhar uma guitarra como presente de aniversário. Lineu disse que preferia uma máquina de escrever. Horácio, feliz da vida, decidiu no ato: "Eu ensino você a datilografar", e foi a escrita, não a música, que aproximou pai e filho.

Ironicamente, batucar na máquina de escrever deu ao jovem Lineu um gosto pelo ritmo, pela percussão. Aos 18 anos, para desespero de Horácio, ele comprou um par de bongôs, do qual nunca mais se separou.

O prazer da "batucada", como dizia Horácio, virou uma paixão intermitente na vida de Lineu. Aos vinte e poucos anos, ele comprou de segunda mão uma bateria completa.

Nessa mesma época, o jovem Mendonça tentava aprender a tocar guitarra. Mendonça e Lineu, além de amigos, eram funcionários recém-contratados da vigilância sanitária e trabalhavam juntos. Um dia, resolveram montar uma banda. Foi o surgimento de *Os Fiscais do Ritmo*, o grupo mais anônimo do rock brasileiro. Lineu na bateria e nos vocais, Mendonça na guitarra e... faltava um baixista. Esse foi sempre o problema da banda. Nenhum baixista durava muito. O último, no mais recente *revival* deles, foi o doutor Mesquita, supervisor de Lineu e Mendonça na vigilância sanitária.

A volta desses esquivos dinossauros do rock se deu no episódio chamado *Os Fiscais do Ritmo* (óbvio, né?), da temporada de 2011, quando "os meninos da vigilância" gravaram o videoclipe de sua única música própria: "O punk do vigilante". Essa gravação quase custou o emprego de Mendonça, não por ter sido feita nas dependências da repartição, em meio aos processos, mas porque ele inventou de mostrar a bunda ao final do vídeo.

O histórico videoclipe da banda *Os Fiscais do Ritmo* pode ser visto no site *Memória Globo* neste link: **http://globotv.globo.com/rede-globo/memoria-globo/v/a-grande-familia-2a-versao-os-fiscais-do-ritmo/3270800**. E, para quem quiser cantar junto, eis a letra da música:

“O PUNK DO VIGILANTE”

Alimento deteriorado,
esgoto não tratado!
A cidade é um fuzuê!
E quem defende você?
Vigilância sanitária!
Colabore também.
A gente é chato, mas é do bem.
Vigilância sanitária!
Colabore também.
A gente é chato, mas é do bem.

Nossa tarefa diária
é uma guerra solitária.
Nessa luta temerária
dê sua ajuda voluntária!
Vigilância sanitária!
Colabore também.
A gente é chato, mas é do bem.
Vigilância sanitária!
Colabore também.
A gente é chato, mas é do bem.

Mendonça sempre considerou que dona Nenê era a "Yoko Ono" de *Os Fiscais do Ritmo*, pois os compromissos com a família impediam que Lineu levasse a banda realmente a sério. A verdade, porém, era bem diferente. *Os Fiscais do Ritmo* tiveram muitas "Yokos", porque Mendonça vivia se desentendendo por causa de mulher com o baixista do momento. A última briga aconteceu justamente com o doutor Mesquita, que disputou com Mendonça a jovem Kelly, uma linda estagiária da vigilância, no episódio *O Amor Custa Caro*, também da temporada de 2011. Para azar de Mendonça e Mesquita, Kelly era uma interesseira que depenou os dois.

A última apresentação, por enquanto, de *Os Fiscais do Ritmo* foi num bar tipo "inferninho", no episódio *Rock and Roll Nunca Morre*, da temporada de 2014, quando Lineu e Mendonça tocaram com o fantasma do doutor Mesquita. Como é que é? Bom, o doutor Mesquita já tinha morrido, Lineu e Mendonça estavam bêbados, e o bar estava meio vazio. É difícil encontrar testemunhas do que realmente ocorreu.

O DIÁRIO DO BEIÇOLA

Queridos leitores, aqui vai uma oportunidade única para entrar na mente do pasteleiro louco.

02/03...

Querido diário,

Eu digo e repito porque eu SEI: dona Nenê me ama. Claro que ela me ama. O que ela não tem é coragem de assumir. Quando contei isso pro Genilson, ele não falou nada. Só riu. Eu até achei que ele pudesse ter concordado comigo, mas depois que o Paulão e o pajé passaram a noite inteira na sinuca da pastelaria fazendo piadinha e jogando indireta de que eu estava maluco, comecei a achar que ele tinha falado demais. O que é estranho, porque o Genilson é quase mudo. Enfim, fiquei confuso. Também, as coisas mudaram muito aqui na rua nos últimos tempos. A começar pela casa da família Silva.

24/03...

Agora que a dona Nenê e o Lineu viraram donos de restaurante e que os filhos saíram de lá, eles passaram a acordar ainda mais cedo do que costumavam. Estão sempre atarefados, fechando compras com fornecedores, supervisionando a arrumação das mesas, o trabalho da equipe de cozinha, a contabilidade... Acho um exagero. Aqui, nunca precisei trabalhar tanto e ninguém nunca reclamou dos meus pastéis. O Genilson riu quando eu disse isso. Estou começando a achar que ele anda muito saidinho.

05/04...

A casa dos Silva mudou muito. Nada a ver com os anos em que toda a família morava lá: Lineu, Nenê, Bebel, Agostinho, Tuco, Floriano... Aquele moleque, o Floriano, vivia saindo atrasado pro colégio, sendo arrastado quase que pela orelha pela Bebel, que corria pra deixar o moleque na escola e ainda voltava para administrar a Carrara Táxis. Mas ela estava certa, eu é que não deixaria a administração da empresa nas mãos de um enrolão como o Agostinho. Até porque, invariavelmente, o Agostinho saía de casa pelo menos meia hora depois da Bebel, sem pressa nenhuma. Fazia uma corrida de táxi ou outra, tirava uma onda de chefe com o Paulão e o pajé e, nem bem dava meio-dia, já parava pro almoço. No meio da tarde, sempre vinha tomar um cafezinho aqui, reclamar que a vida tava dura, que os passageiros não entendiam seu jeito comunicativo... Aí, no fim da tarde, no happy hour, falava grosso com o pajé e o Paulão. Eles tinham é que se dedicar ao trabalho que nem ele, e não ficar reclamando que a vida tava dura, que os passageiros não entendiam eles... Coerência mora longe.

15/04...

Tudo vivia mudando na casa da dona Nenê. Tudo menos o Tuco. Aquele ali é tão preguiçoso que deve ter nascido de cesariana, pra não fazer força na saída. Nunca gostou de trabalhar. Último a acordar, último a dormir e o último a ficar independente dos pais, se é que ainda não pede um dinheirinho de vez em quando. Tá, ele agora se aboletou lá com a tal atriz, tira onda de ator, tira onda de pai do filho da menina e tal, mas não me engana. É vagabundo, sim senhor! Um vagabundo que sabe cantar, isso eu tenho que admitir. Aqui na pastelaria, quando botei um karaokê, ele arrebentou. Mas sei não. As contas que ele deixava pro Lineu pagar eram maiores que o talento artístico.

27/04...

Querido diário,

Saudades da dona Nenê! Ai, dona Nenê, se eu pudesse... Passei tantos anos aqui, vendo a senhora passar pra comprar o pão da família de manhã, esperando a quinta-feira à noite, quando a senhora vinha com o Lineu tomar o chopinho de sempre, admirando a maneira como a senhora mandava naquela família toda. Ai, dona Nenê! Eu sei que a senhora me ama. Nosso destino é ficar juntos! Nos meus sonhos, pelo menos... Aquele cretino do Genilson está rindo. Será que leu o que escrevi? Vou dar um safanão nesse folgado!

O COZIDO DA DONA NENÊ[1]

1 Na verdade, essa deliciosa receita vem do caderno da Cizinha, apelido da avó de nossa diretora de produção, Ana Gabriela. Agradecemos de coração às duas, avó e neta.

Nenê até anotou em seu caderno a receita do famoso cozido, mas quem for ler verá que as porções são aproximadas e a ordem de colocação dos itens também. O fato é que o resultado fica sempre uma delícia, consequência de todo o amor concentrado na receita e na elaboração do prato. Quem prova não resiste!

O truque é prestar muita atenção ao ponto de cozimento de cada um dos ingredientes. Para auxiliar, é importante ter uma travessa grande de apoio para ir separando tudo o que sai da panela. Lembre-se de que todos os legumes devem ficar tenros e as carnes bem macias, desfiando.

Essa receita é para aproximadamente doze pessoas, porque dona Nenê nunca cozinha só para a família. Sempre há convidados, amigos, vizinhos... Você pode criar algumas variações acrescentando outros legumes a seu gosto.

Além do pirão, o acompanhamento é arroz branco. Com todos os ingredientes separados e limpos, o preparo leva aproximadamente uma hora.

O COZIDO

3 A 4 DENTES DE ALHO

1 PIMENTA DEDO-DE-MOÇA SEM SEMENTES

4 A 5 FOLHAS DE LOURO

1 RAMO DE SALSINHA

AZEITE

500 GRAMAS DE COXÃO MOLE, PEITO OU ALCATRA

400 GRAMAS DE CARNE-SECA

300 GRAMAS DE LOMBO OU COSTELA DE PORCO

250 GRAMAS DE BACON

2 PAIOS

1 ESPIGA DE MILHO

4 BATATAS

3 PEDAÇOS DE AIPIM

3 BATATAS-DOCES

3 MANDIOQUINHAS

400 GRAMAS DE ABÓBORA

3 OU 4 BANANAS-DA-TERRA

2 CENOURAS

6 A 8 VAGENS (OU ERVILHAS)

4 CEBOLAS

4 A 5 FOLHAS DE REPOLHO

4 A 5 FOLHAS DE COUVE

3 LITROS DE ÁGUA

SAL A GOSTO

Na véspera, dessalgue a carne seca e o lombo ou as costelas (se estiverem salgadas).

Em um panelão, refogue a cebola e o alho em pouco azeite. Junte as carnes cortadas em cubos e deixe dourar bem. Quando estiverem douradas, retire o bacon e separe.

Acrescente um litro e meio de água já quente, o ramo de salsinha, o louro, a pimenta cortada em pedaços pequenos e pouco sal. Espere levantar fervura.

Coloque o milho, que provavelmente ficará sendo cozido ao longo de quase todo o processo. Adicione cenoura, batata, mandioquinha e aipim. Prove e corrija o sal.

Acompanhe o cozimento e acrescente mais água quente sempre que necessário (chega-se a usar 3 litros no preparo). Quando esses itens estiverem cozidos, retire-os da panela e acrescente outra leva de ingredientes: abóbora, cebola e banana, que têm um tempo de cozimento semelhante. Enquanto estes estão cozinhando, coloque os paios e deixe ferver até que a pele estoure de leve. Separe, assim como os demais ingredientes, sempre que estiverem no ponto.

Ponha as vagens ou ervilhas, o repolho e a couve – para estes, o preparo é rápido. Retire assim que as folhas amolecerem. É importante manter a crocância da vagem ou ervilha.

Descarte as folhas de louro e a salsinha, e o cozido está pronto.

Parte do caldo será usado no pirão, e outra parte deve cobrir as carnes, verduras e legumes na travessa.

Arrume todos os itens separados, preferencialmente em uma ou duas travessas. Cubra com parte do caldo.

O PIRÃO

1 CEBOLA

1 PIMENTA DEDO-DE-MOÇA SEM SEMENTES, CORTADA EM CUBINHOS

AZEITE

FARINHA DE MANDIOCA FINA

CALDO DO COZIDO

CHEIRO-VERDE

Em uma panela menor, refogue a cebola e a pimenta. Junte aproximadamente 500 ml do caldo. Acrescente a farinha até engrossar o pirão. Leve ao fogo baixo para levantar fervura. Caso erre o ponto, adicione mais caldo. É importante que o pirão fique leve, com a consistência de um mingau. Coloque cheiro-verde picadinho na hora de servir.

Delicie-se!

O que sobrar vira uma maravilhosa sopa no dia seguinte.

A Bebel também tem sua própria versão do cozido, que leva shimeji, shitake, alcaparras, azeite trufado, vinagre balsâmico... e é ruim. Dura de engolir. Tão dura que, na abertura da temporada de 2013, terminou numa baita briga, com Nenê explodindo, jogando a travessa no chão e falando o primeiro e único palavrão de sua vida: "Quer saber? Este cozido está uma *m*...!" Claro que, no fim do episódio, a família voltava a ser "só *love*, só *love*". E todos até fingiram ter gostado do cozido, digamos assim, *nouvelle cousine* da Bebel.

A Grande Família *foi a primeira série brasileira a ser gravada em alta definição. Isso foi em 2008, quando somente as novelas das nove eram exibidas em HD.*

Um pouco de (muita) história
Linha do tempo de *A Grande Família*

2001

1ª temporada

- 29 de março: estreia de *A Grande Família*.
- Lineu mostra que valoriza a honestidade acima de tudo. Na Vigilância Sanitária, ele recusa uma promoção que lhe renderia um aumento de salário porque descobre que, em troca do novo cargo, teria de fazer vista grossa na fiscalização de um frigorífico.
- Agostinho é apresentado como um malandro que vive de bicos, até que arranja um emprego como vigia de motel.
- Seu Flor começa a namorar dona Juva.
- Beiçola mostra que é apaixonado por Nenê.
- Selma, a mãe de Agostinho, que a família julgava estar morta, porque Agostinho vivia dizendo que sua mãe havia morrido na linha do trem, aparece para reencontrar o filho.

- Nenê descobre que não é filha única. Seu Flor teve um caso com uma passista de escola de samba. Dessa união nasceu Marina, também passista. Tuco namora a tia sem saber do parentesco.

2002

2ª temporada

- A cabeleireira Marilda se torna a melhor amiga de Nenê.
- Agostinho vira motorista de táxi.
- Mendonça assume como chefe de Lineu na Vigilância Sanitária.
- Seu Flor começa a namorar dona Genoveva.
- Surge Remela, o amigo bandidão de Agostinho.
- Oduvaldo, o pai picareta de Agostinho, visita a família.

2003

3ª temporada

- Bebel decide trabalhar fora, o que deixa Agostinho inseguro e ciumento.
- Seu Floriano, o querido avô e malandro de estimação, morre.
- Juvenal, o Tio Mala, vem passar uns tempos com a família.

2004

4ª temporada

- Bebel e Agostinho se mudam para a casa ao lado.
- Vivi, a namorada de Tuco, engravida e tem um filho.

2005

5ª temporada

- Paulão abre sua oficina na rua.
- Bebel e Agostinho se separam.
- Agostinho contrata Beiçola como advogado e consegue obrigar Bebel a lhe pagar uma pensão alimentícia.
- Paulão e Marilda começam a namorar.
- Agostinho e Bebel se reconciliam.

2006

6ª temporada

- Lineu sofre um infarto.
- Recuperado, Lineu percebe que a maior causa de estresse em sua vida é Agostinho. Para se manter saudável, Lineu quer afastar Agostinho de sua vida. Isso gera uma crise na família.

2007

7ª temporada

- Bebel fica grávida. Agostinho sofre com crises de ansiedade.
- Nasce Florianinho.
- Tuco namora Gina, que é namorada de seu amigo fumaça.
- Lineu não aguenta mais as trapalhadas de Agostinho, mas Nenê continua defendendo o genro. Por conta disso, Nenê e Lineu se separam. Vivem um tempo em casas separadas, até que percebem que o amor que têm um pelo outro é maior que as confusões da família.

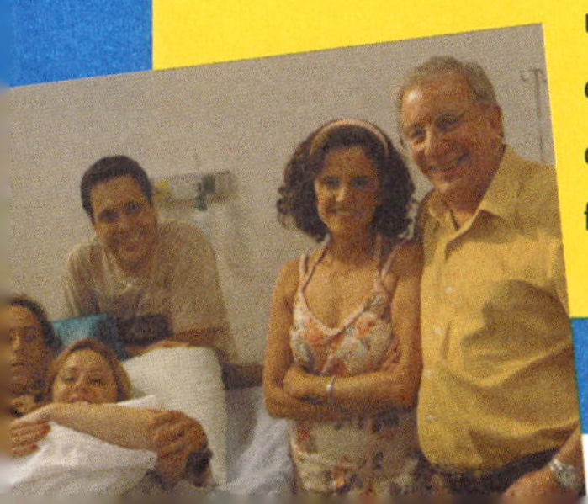

2008

8ª temporada

- Depois de 35 anos na Vigilância Sanitária, Lineu decide pedir uma licença (uma espécie de pré--aposentadoria) e abre uma pet-shop num shopping center do bairro.
- Marilda tem de suportar os altos e baixos de sua relação com os dois homens de sua vida: Mendonça e Paulão.

2009

9ª temporada

- Nenê e Lineu descobrem que o padre que os casou, tantos anos antes, era um farsante. Nenê convence Lineu a fazer uma nova cerimônia de casamento. Por uma infeliz coincidência, o novo padre que vai fazer o casamento, antes de ser padre, foi namorado de Marilda.
- Lineu fecha a pet shop e reassume seu cargo na Vigilância Sanitária.
- Beiçola encontra sua alma gêmea: dona Abigail, a vizinha fofoqueira da rua. A inveja que Abigail tem da mulher de Lineu é proporcional ao amor que Beiçola ainda dedica a *my true love*, como ele chama a dona Nenê.
- Tuco e Nenê estudam juntos para o vestibular.
- Nenê assiste, pela primeira vez, um show ao vivo de Roberto Carlos.

2010

10ª temporada

- Agostinho é candidato a deputado estadual, mas recebe apenas dois votos. Um foi dele mesmo. O outro ele não sabe. Bebel jura que foi dela. Nenê também...

2011

11ª temporada

- Nenê é eleita presidente da Associação de Moradores.
- Agostinho e Paulão tornam-se sócios na Carrara Táxis, ou Táxis Carrara, eles não conseguem decidir.
- Lineu se reconcilia com Glória, sua mãe, que o abandonara na infância.
- Um viaduto vai ser construído no bairro, ameaçando destruir todas as casas da rua. A mobilização da comunidade, comandada por Nenê e Lineu, impede a construção do viaduto.

2012

12ª temporada

- Lineu é atropelado e entra em coma. Anos se passam.
- Nenê é cortejada por Romero, o médico que cuida de Lineu.
- Quando Nenê está prestes a desistir de Lineu e assumir o relacionamento com Romero, Lineu desperta do coma.
- Tuco finalmente vai trabalhar na TV, como sempre sonhou. Interpreta o personagem "Serginho" num programa de esquetes. Serginho é um gay caricato que se recusa a sair do armário e tem o bordão: "Papai não deixa!".
- Nenê vira estilista e sócia da lona By Kelly Blue, da barraqueira Kelly.

- Quando Kelly deixa Nenê na mão, quem assume a loja é Júnior, o filho gay de um antigo amigo de Lineu. Júnior vira "a melhor amiga" de Nenê.
- Agostinho se envolve com Fontes, um empresário corrupto do ramo da construção civil. Fontes convence Agostinho a se candidatar a vereador. E enche o bolso de Agostinho com verbas de campanha.
- Lineu descobre que o doutor Romero não cobrou nada para tratá-lo, em todos os anos do coma, só para agradar a Nenê. Orgulhoso, Lineu hipoteca a casa para conseguir um empréstimo e pagar os honorários de Romero.
- Agostinho usa a verba da campanha política para saldar a hipoteca da casa da família.
- Agostinho é eleito vereador.
- Por ter desviado verbas de campanha para despesas pessoais (o pagamento da hipoteca), Agostinho é condenado por corrupção e vai para a cadeia.

- Paulão namora Daniele da Padaria e tem duas filhas gêmeas com ela. Em homenagem a Bebel, ele as batiza como Maria e Isabel. Só que nunca sabe quem é uma e quem é a outra.

2013

13ª temporada

- Agostinho, Bebel e Florianinho voltam a morar na casa da família.
- Bebel monta uma empresa de moto-táxis.
- Tuco finge ser mulher para conseguir um papel numa novela. Betty Dávila, a atriz que Tuco "personifica", vira um sucesso.
- Agostinho, com inveja do sucesso de Bebel, sabota a empresa de moto-táxi. Bebel, magoada, decide se separar de Agostinho.
- Nenê e Lineu adotam Lineuzinho, o bebê que eles supunham ser filho de Mendonça com a golpista Lurdinha.
- Lineu, aposentado da Vigilância Sanitária, decide construir um barco para viajar pelo mundo com Nenê.

2014

14ª temporada

- Depois de uma temporada no mar, Lineu, Nenê e Lineuzinho precisam voltar para casa, convocados por Bebel, porque Agostinho, que não aguentou a função de chefe da família, teve um ataque cardíaco.
- Nenê e Lineu descobrem a verdadeira mãe de Lineuzinho. Sofrendo muito, Nenê abre mão do filho adotivo.
- Nenê, em crise, começa a fazer psicoterapia. Ela conclui que quer deixar de ser mãe para voltar a ser, apenas, mulher.
- Tuco passa no concurso para a Vigilância Sanitária. Lineu fica orgulhoso. Só que Tuco larga tudo para trabalhar como ator num musical.
- Nenê vai trabalhar como ajudante de cozinha na Adega do Braga. Rapidamente, ela progride até virar *sous-chef*.
- Paulão e Lurdinha vão ter um filho.
- Tuco encontra a mulher de sua vida e se torna, enfim, adulto.
- Com o sucesso da Carrara Táxis, ou Táxis Carrara, Agostinho, Bebel e Floriano vão se mudar para a Barra da Tijuca.
- Nenê e Lineu decidem transformar a casa da família num restaurante.
- A família é convidada a estrear uma série de TV sobre uma família classe-média do subúrbio. O seriado se chama *A Grande Família*.

PRÊMIOS

Em catorze temporadas, a qualidade de *A Grande Família* mereceu vários prêmios. Tantos, que é bem possível que a lista abaixo esteja incompleta.

2001

- **PRÊMIO QUALIDADE BRASIL**

  Melhor Atriz de Sitcom (Marieta Severo)

  Melhor Ator de Sitcom (Marco Nanini)

2002

- **PRÊMIO APCA (ASSOCIAÇÃO PAULISTA DE CRÍTICOS DE ARTE)**

  Melhor Seriado de Humor (*A Grande Família*)

  Melhor Ator (Marco Nanini)

2004

- **PRÊMIO QUALIDADE BRASIL**

  Melhor Programa Humorístico

  Melhor Atriz de Programa Humorístico (Marieta Severo)

  Melhor Ator de Programa Humorístico (Pedro Cardoso)

- **PRÊMIO MÍDIAQ (MÍDIA DE QUALIDADE E RESPONSABILIDADE EM PROGRAMAÇÃO INFANTOJUVENIL)**

  Melhor Programa (faixa etária de 12 a 17 anos)

- **PRÊMIO CANAL DO VOTO/EXTRA**

  Melhor Programa de Humor (*A Grande Família*)

2005

- **PRÊMIO QUALIDADE BRASIL**

  Melhor Ator de Programa Humorístico (Lúcio Mauro Filho)

- **PRÊMIO MÍDIAQ (MÍDIA DE QUALIDADE E RESPONSABILIDADE EM PROGRAMAÇÃO INFANTOJUVENIL)**

  Prêmio Especial do Júri (*A Grande Família*)

- **PRÊMIO CANAL DO VOTO/EXTRA**

  Melhor Programa de Humor (*A Grande Família*)

2006

- **PRÊMIO QUALIDADE BRASIL**

  Melhor Programa Humorístico (*A Grande Família*)
  Melhor Atriz de Programa Humorístico (Andrea Beltrão)
  Melhor Ator de Programa Humorístico (Pedro Cardoso)

- **PRÊMIO EXTRA**

  Melhor Programa de Humor (*A Grande Família*)

2007

- **PRÊMIO QUALIDADE BRASIL**

  Melhor Programa Humorístico (*A Grande Família*)

  Melhor Atriz de Programa Humorístico (Marieta Severo)

  Melhor Ator de Humorístico (Pedro Cardoso)

- **PRÊMIO EXTRA**

  Melhor Programa de Humor (*A Grande Família*)

2008

- **PRÊMIO EMMY INTERNACIONAL**

  Indicação a melhor ator (Pedro Cardoso)

- **PRÊMIO EXTRA**

  Melhor Série (*A Grande Família*)

2009

- **PRÊMIO QUALIDADE BRASIL**

  Melhor Ator de Humorístico (Pedro Cardoso)

2010

- **PRÊMIO EXTRA**

  Melhor Série (*A Grande Família*)

2014

- **PRÊMIO APCA (ASSOCIAÇÃO PAULISTA DE CRÍTICOS DE ARTE)**

  Menção honrosa: *A Grande Família*/TV Globo (pela trajetória e episódio final)

Para lembrar: a **última cena** escrita para o **último episódio** de *A Grande Família*:

CENA 25 – CASA / TV – INT/NOITE

A família e amigos se preparam para ver a estreia do programa. Lurdinha traz pipoca de micro-ondas.

LINEU Nossa estreia na televisão! Quem diria?

AGOSTINHO Mais uma vez, todos nós juntos. E graças a quem?

PAULÃO Graças ao "violão" da história, né?

TUCO Vilão, né, Paulão?

BEBEL Vem, mãe, vem!

NENÊ Peraí, Bebel! Tô terminando de me aprontar.

BEBEL Eu tô tão nervosa que parece que vou ter um troço.

TUCO Já passei por isso várias vezes no teatro. Com o tempo, piora.

MENDONÇA Uma cachaça urgente, Lurdinha!

LURDINHA Meu Deus, esse homem é um encosto!

AGOSTINHO Gente, vamos fazer silêncio, que vai começar.

BEBEL Mãe!

Nenê vem correndo e se senta ao lado de Lineu.

TUCO Como se diz no meio artístico: merda pra todo mundo!

PAULÃO Que é isso? Vai você!

FLORIANO Vamos ser campeões de audiência!

BEBEL E de convivência.

NENÊ Viva A Grande Família!

TODOS Viva!

SOBRE OS AUTORES DO LIVRO

MAX MALLMANN

Gaúcho de Porto Alegre, nascido em 1968. Mora no Rio de Janeiro desde 1999. Cultiva um cavanhaque esquisito, quase sempre se veste de preto e tem cara de turista, não importa onde esteja. É ao mesmo tempo fã de ficção científica e fascinado pela antiguidade clássica. Publicou os romances *Confissão do minotauro* (IEL/IGEL, 1989), *Mundo bizarro* (Mercado Aberto, 1996), *Síndrome de quimera* (Rocco, 2000), *Zigurate* (Rocco, 2003), *O centésimo em Roma* (Rocco, 2010) e *As mil mortes de César* (Rocco, 2014). Está escrevendo *A prole da Loba*, terceiro volume das aventuras de Desiderius Dolens, legionário romano do século I apresentado em *O centésimo em Roma* e *As mil mortes de César*. Como roteirista da TV Globo, já trabalhou na novela adolescente *Malhação* (1999 -2001), na novela das seis *Coração de Estudante* (2002), no seriado *Carga Pesada* (2004), no especial infantil *Clara e o Chuveiro do Tempo* (2005) e, lógico, em *A Grande Família*, de julho de 2005 até o final, em setembro de 2014.

RODRIGO SALOMÃO

No fim de 2012, Rodrigo Salomão foi convidado pelo redator final Mauro Wilson para participar da equipe que escreveria a última temporada de *A Grande Família*, que seria a de 2013. Na época, era um dos autores do programa humorístico *Caras de Pau*. Logo imaginou a piadinha dos colegas de redação: "Vão dizer que foi só eu chegar e o programa acabou." Mas o convite era irrecusável. Teria a chance de colocar seu nome entre o privilegiado grupo de autores do mais bem-sucedido seriado da história da TV brasileira. Para sua sorte, *A Grande Família* ganhou mais uma temporada, e a "piadinha" perdeu o *punch*. Carioca, jornalista de origem, Rodrigo Salomão chegou à TV Globo com a criação da GloboNews, em 1996, onde participou de vários programas. Em 2000, foi para o *Jornal Nacional*, mas pediu demissão em 2002 para se aventurar na direção de um programa para a TV estatal angolana, em Luanda, o *Nação Coragem*. De volta ao Brasil, retomou os vínculos com a TV Globo, dessa vez como roteirista. Participou de diversos programas, das mais diferentes áreas. Realities (*Big Brother Brasil* e *Fama*), especiais (*Criança Esperança*, *450 Anos de São Paulo*), programas de auditório (*Caldeirão do Huck* e *TV Xuxa*), programas infantis e juvenis (*Sítio do Picapau Amarelo*, *Aventuras no Acampamento*, com Renato Aragão, e *Geral.com*), séries (*Aline* e, claro, *A Grande Família*), programas de humor (*Caras de Pau* e *Divertics*). Hoje, integra a equipe de autores do programa *Tapas & Beijos*.

MAURO WILSON

Mauro Wilson já está há muito tempo no mercado. Para televisão, escreveu de tudo. Criou programas infantis como a novela da Angélica, *Caça-Talentos*, e foi redator final de um programa de humor para crianças e cachorros, *TV Colosso*. Escreveu para game shows como *Batalha dos Astros*. Foi um dos fundadores do *Vídeo Show*. Fez programas ao vivo: *Domingão do Faustão* e *Gente Inocente*. Na comédia, que, dizem, é seu forte, foi redator final do clássico *Os Trapalhões* ainda com Didi, Dedé, Mussum e Zacarias. Passou por *Casseta & Planeta Urgente*, *Sai de Baixo* e *Megaton*. Passou um tempinho nas novelas – escreveu para *O Beijo do Vampiro* e *Pé na Jaca* –, mas acabou encontrando seu lugar nos seriados. Fez *Sexo Frágil*, *Guerra & Paz*, *Os Amadores* – duas vezes indicado ao Emmy Internacional de melhor comédia –, *Aline* e, finalmente, a grande vencedora do Emmy de melhor comédia em 2012: *A Mulher Invisível*. Foi também criador e supervisor de oficinas e workshops de roteiro na Rede Globo. E, no cinema, assinou sete filmes dos Trapalhões, além de *Zoando na TV*, de José Alvarenga; *Apolônio Brasil*, de Hugo Carvana, e *Os Caras de Pau – o filme*. Foi o último redator final do megassucesso *A Grande Família*. Participou do seriado *Doce de Mãe*, estrelado por Fernanda Montenegro e com direção de Jorge Furtado. Criou o quadro do *Fantástico A Mulher da Minha Vida*, com Marcelo Serrado.

PEQUENO
AGRADECIMENTO

No fim do roteiro do último episódio, Mauro Wilson, redator final, escreveu esta mensagem:

> *Em nome de todos os autores da equipe atual e de todos aqueles que criaram falas e cenas nesses 14 anos, quero dizer que foi um enorme prazer. Com certeza, uma experiência que vai ficar para sempre entre as melhores coisas que escrevemos em nossas vidas. Vocês são incríveis, e não estou falando dos personagens, mas de vocês: atores, mágicos, estrelas que transformaram páginas e páginas cheias de palavras em emoções. Agradecemos também aos diretores, produtores, a todos aqueles que ajudaram a transformar os nossos textos em luz e movimento. Em som e fúria. Em comédia. Vamos sentir saudades.*

Este almanaque poderia ter mil páginas se nós, que o escrevemos, falássemos de todo o amor que sentimos por *A Grande Família*. Poderia ter dez mil páginas se chamássemos para escrever conosco todos os roteiristas, atores, diretores, cenógrafos, figurinistas, técnicos e tantos mais que tanto fizeram para tornar *A Grande Família* uma série inesquecível. Poderia ser infinito se fosse escrito pelos milhões de fãs.

Obrigado a você, aí de casa, que nunca deixou de acompanhar as aventuras da família mais querida do Brasil.

AGRADECIMENTOS

Alessandra Alvares
Alexandre Romano
Aline Santos Ferreira
Ana Cristina Borges
Ana Gabriela
Andrea Imperatore
Andrea Moraes
Anna Beatriz Barreira
Bruno Martins
Carla Britto
Camila Moreira
Clarissa Kede
Cristina Matos
Eliane Lopes
Eliane Lóss
Eliane Pinho
Eric Jesus
Fabiana Siqueira Fontana
França
Fumi Hashimoto
Gisele Ramalho
Gustavo Chagas
Gustavo Prevato
Hérica Marmo
Iris Sá
Janice Vieira
Jayme Bastos
Jessica Oliveira
João Alcantara
Joelma Neris
Ismael
Julia Sousa
Juliana Martins
Laura Lins
Laura Martins
Luiz Claudio Ferreira
Luiza Carvalho
Marcela Marins
Marcelo Campos
Mauro Mosqueira
Milena Cangussu
Monique Luiza
Patrícia Guimarães
Patricia Pedrosa
Patricia Seraphico
Paula Lordello
Paula Pitanga
Priscila Mizrahy
Rafael Oliveira Pereira
Regina Sampaio
Renan Carlos
Renata Dofiny
Renata França
Rita Marques
Roberto Navi
Rodrigo Trivellato
Sandra Ignatiuk
Sergio Paixão
Sonia Regina
Suzana Prista
Tatiana Poggi
Vanessa Bosi
Vanessa Diniz

AGRADECIMENTOS AOS DEPARTAMENTOS DA TV GLOBO

Ambientes e Personagens
CEDOC
DIJUR
Diretoria de Comunicação
Diretoria de Orçamento
Divisão de Análise Narrativa
Divisão de Engenharia
Divisão de Imprensa e Produção Editorial
Divisão de Licenciamento
Divisão de Propaganda e Design
Divisão de Relacionamento
Divisão Internet
Gestão de Produção
Industrial
Operações
Planejamento e Controle
Planejamento e Gestão
Produção Executiva
Suprimentos e Logística

ACERVOS CONSULTADOS

Acervo da Cenografia – TV Globo
Agência Jornal do Brasil
Agência O Globo
Arquivo de Mídia – TV Globo
Arquivo Nacional
Biblioteca do CEDOC – FUNARTE
CEDOC – TV Globo
Discoteca – TV Globo
Galeria Digital – TV Globo
GETTY
GSHOW
Hemeroteca Digital Brasileira
Memória Globo
Videographics – Comunicação Globo

1ª EDIÇÃO	Março de 2015
PAPEL DE MIOLO	Offset 120 g/m²
PAPEL DE CAPA	Cartão Supremo 250 g/m²
TIPOGRAFIAS	Auto e Leviathan
GRÁFICA	Lis Gráfica